Gartenglück
in der Stadt

Gartenglück

in der Stadt

So finden und gestalten Sie Ihre grüne Oase

ALEX MITCHELL

FOTOS VON SARAH CUTTLE

Bassermann Inspiration

INHALT

EINLEITUNG

Sie träumen manchmal davon, vernachlässigte Grünstreifen in fruchtbare Gemüsegärten zu verwandeln?

Sie lieben das Stadtleben, hätten aber auch gern Hühner?

Sie überlegen öfter, ob an der Bushaltestelle sprießende Unkräuter einen leckeren Salat abgeben könnten?

Wenn ja – herzlich willkommen in der Gesellschaft der *Rurbanites*: unter Menschen, die die Vorzüge des Landlebens (*rural*) schätzen, aber die Stadt (*urban*) nicht missen möchten. Immer mehr wollen das Beste aus beiden Welten vereinen.

Das Landleben hat seine schönen Seiten, aber auch Nachteile. Es gibt weniger Menschen, mit denen man sich austauschen kann, und vieles ist ziemlich gleichförmig. Außerdem verbringt man viel Zeit mit Autofahren, um Freunde, den Arbeitsplatz und Geschäfte zu erreichen. Das kostet viel Benzin und die oft freier stehenden Häuser brauchen mehr Heizenergie: schlecht also für die Energiebilanz. Und alles läuft ... ein bisschen ... langsamer ... und behäbiger.

In der Stadt dagegen wird es nie langweilig. Doch hier war die Umgebung bisher eher grau als grün – geprägt von Büros und Hochhäusern, Autoabgasen und Asphalt. Aber vielerorts liegt ein Wechsel in der Luft: Immer mehr *Rurbanites* entdecken die Lust am Grün. Sie wollen Gemüse anpflanzen und haben keinen Garten? Kein Problem: Tun Sie sich mit Nachbarn zusammen und verwandeln Sie ein vernachlässigtes Grundstück in einen Gemeinschaftsgarten. Gefällt Ihnen die Idee, morgens frische Eier von eigenen Hühnern zu sammeln? Ein Stadtgarten wäre ideal dafür. Oder träumten Sie schon öfter davon, Bienen zu halten und selbst Imker zu sein? Das alles ist selbst in kleinen Stadtgärtchen möglich, teils sogar auf einem Dachgarten.

In den großen Städten, von Brooklyn bis Berlin, sprießen die Projekte der *Rurbanites* wie Löwenzahn. *Urban Gardening,* die Leidenschaft der neuen Stadt-Gärtner, ist in aller Munde. Sie treffen sich bei Imker-Kursen und lernen, wie man Wildfrüchte sammelt. Sie haben die lieblos bepflanzten öffentlichen Anlagen satt und nehmen die Stadtbegrünung mit Samenbomben selbst in die Hand. Und mit den Gemeinschaftsgärten wird das Nachbarschafts- und Zusammengehörigkeitsgefühl im eigenen „Kiez" wiederentdeckt.

Wir alle wissen, dass eine Verbindung zur Natur entscheidend zur mentalen Gesundheit beiträgt. Wir verbringen immer mehr Zeit vor dem Bildschirm und immer weniger im Freien. Das führt nach Einschätzung des US-Autors Richard Louv zu einem „Naturdefizit-Syndrom", das Krankheiten von Fettleibigkeit bis hin zu psychischen Problemen auslösen kann. Grünflächen fördern deutlich die Gesundheit der Stadtbewohner, weil sie die Luftverschmutzung senken, mit ihren Bäumen das Kohlendioxid absorbieren und Freiräume zum Entspannen bieten. Weltweit suchen Stadtplaner nach kreativen Lösungen für mehr städtisches Grün. In Warschau (Polen) stehen bereits Prototypen grüner Türme, um Umweltgifte zu filtern. In São Paulo (Brasilien) wurde ein Bürohochhaus außen komplett begrünt – die Pflanzen wurzeln in porösem Beton. Auch grüne Dächer helfen gegen die Luftverschmutzung, senken die Heizkosten und nehmen Niederschläge auf.

„Weltweit ziehen jährlich über 15 Millionen Menschen vom Land in die Städte. Im Jahr 2050 werden voraussichtlich 75 % der Weltbevölkerung in Städten leben – so gab es nie eine bessere Zeit, um eine attraktive, lebenswerte Stadtgestaltung zu planen."

Wir merken auch ohne wissenschaftliche Untersuchungen, dass wir uns besser fühlen, wenn wir innehalten, um Blumen zu betrachten, den Vögeln zu lauschen oder eine selbst gezogene Möhre zu essen. Je stärker die Stadtbevölkerung wächst, desto dringender wird der Wunsch nach erlebter Natur.

Ob in Detroit, Chicago, Amsterdam oder London: Überall werden heute „Stadt-Farmen" angelegt. Lebensmittel- und Umweltskandale in der Landwirtschaft ließen uns misstrauisch werden. Wir wünschen mehr Kontrolle über unsere Nahrungsmittel – da ist der eigene Anbau die sicherste Lösung. Und alles schmeckt deutlich besser! Aber es geht nicht nur um den „Bauernhof in der Stadt". Es hat sich auch gezeigt, dass Städte wichtige Lebensräume für Wildtiere und -pflanzen bieten können. Mit begrünten Dächern, naturnah rekultivierten Industriebrachen und Wildblumenpflanzungen für Bienen und Schmetterlinge lassen sich in der Stadt Refugien schaffen, wie sie in den ausgeräumten Agrarlandschaften kaum noch existieren.

Ganz gleich, ob Sie nur ein paar Kräuter und Tomaten anpflanzen oder Ihre Lebensweise komplett ändern möchten – dieses Buch zeigt Ihnen in drei großen Kapiteln passende Wege auf:

Pflanzen informiert Sie über das Ziehen von Gemüse und Obst auf Fensterbänken, im Hinterhof und in Kleingärten, über das Fördern von Wildtieren und das „Guerilla-Gärtnern" in der Stadt.

Finden stellt Ihnen die verborgenen Schätze am Wegesrand, in Parks und Pflasterfugen vor: von Vögeln und Insekten über Wildblumen bis zu Wildkräutern für den Salat.

In *Halten* geht es um Bienen, Hühner, Enten und Wachteln in Stadt-, Dachgärten und Hinterhöfen.

Sie werden rasch feststellen, dass es nicht nötig ist, aufs Land zu ziehen, um die Natur zu entdecken – zum Glück, denn in der Stadt gibt's besseren Kaffee.

Pflanzen

Warum sollen wir Obst und Gemüse kaufen, das Tausende von Kilometern weit eingeflogen wurde, wenn wir in der Stadt selbst Frisches ziehen können? Warum sollen wir all unsere Nahrungsmittel aus ländlicher Agrarwirtschaft beziehen, wenn in der Stadt ungenutzte Flächen nur darauf warten, in Gartenland verwandelt zu werden? Nach einer Untersuchung könnte London 26 % seines Bedarfs an Obst und Gemüse im Stadtgebiet erzeugen. In Deutschland sind rund 36.000 Hektar der Dachflächen für Gemüseanbau geeignet – etwa dreimal mehr als alle Gewächshausflächen in den Niederlanden. Trotzdem verlassen wir uns auf die LKWs, die unsere Lebensmittel von weit her herankarren, und lassen potenzielle Anbauflächen in der Stadt ungenutzt.

Mit ein wenig Kompost und etwas Geschick lässt sich jede Stadtwüste in gesundes Gartenland für Kartoffeln, Salat, Tomaten und andere Gemüse verwandeln – überall greifen unternehmungslustige Menschen zum Spaten und machen es vor. Wir wollen unabhängig werden von der herkömmlichen Ernährungswirtschaft und weniger ökologisch schädliche Fußabdrücke hinterlassen. Wir ziehen Salat auf Fensterbänken, Tomaten, Erdbeeren und Kartoffeln auf Balkonen und im Hinterhof. Aber das endet nicht an der Haustür: Überall entstehen städtische Gemeinschafts- und Nachbarschaftsgärten. Sie dienen nicht nur dem Anbau, sondern fördern auch das Zusammengehörigkeitsgefühl. Nahrungsmittel selbst anzubauen, verbindet uns direkt mit dem Boden und unserem Wohnviertel. In Großstädten vermittelt das auch ein Gefühl der Verwurzelung und „Erdung".

Der Begriff *Urban Farmer* (auf Deutsch: städtischer Bauer, Stadt-Landwirt) hat sich mittlerweile rund um die Welt etabliert. Die amerikanische Stadt Detroit ist ein gutes Beispiel für das Machbare: Früher gehörte sie zu den reichsten Städten, doch dann brach in den 80er Jahren die Autoindustrie ein. Zunehmend standen Fabrikgelände leer, ebenso immer mehr Wohnhäuser, Straßen wurden nicht mehr genutzt. Bald eroberten Unkräuter eine Fläche in der Größe von San Francisco. Doch in neuerer Zeit erlebte Detroit einen verblüffenden Wiederaufstieg: durch die *Urban Farmer*. Junge Leute verwandelten verlassene Parkplätze in Gemeinschaftsbauernhöfe. Wo einst Autos standen, wachsen heute Mais und Kürbisse und Traktoren ziehen Heuwagen über die Stadtstraßen.

> „Die Urban Farmer Havannas liefern 70 % des städtischen Bedarfs an frischem Obst und Gemüse."

Die jungen, dynamischen *Urban Farmer* machen sich voller Leidenschaft daran, das Potenzial der Städte für den Nutzpflanzenanbau zu erhöhen. Manche lassen sich dabei von Havanna (Kuba) inspirieren, wo ab 1991, nach dem Zusammenbruch der Sowjetunion, der städtische Anbau einen enormen Aufschwung erlebte. Inzwischen liefern die städtischen Höfe und Gärten Havannas 70 % des Bedarfs an frischem Obst und Gemüse. In Hanoi (Vietnam) sind es sogar 80 % und selbst in der dicht bevölkerten Stadt Shanghai über 50 %.

Auch auf den Dachgärten von Brooklyn entstehen Stadtfarmen; sie werden von hippen jungen Leuten gepflegt, die ihre Erfahrungen über Blogs und Twitter austauschen. Auf der *Hayes Valley Farm* in San Francisco wachsen auf erdbebengeschädigten Brücken Kohlköpfe und Gründüngungspflanzen. Die Einwohner von Todmorden in Großbritannien haben das aufregende Experiment gestartet, ihre Stadt in einen Gemeinschaftsgarten zu verwandeln. Nick Green, der Gründer des Projektes, sagte dem *Telegraph:* „In den letzten fünf bis zehn Jahren interessieren sich die Menschen zunehmend für ihre Nahrung. Ich halte das für die größte soziale Revolution seit den Swinging Sixties." Auf den Industriebrachen von Berlin und London werden temporäre Gärten angelegt; die Pflanzen wachsen in Erdsäcken und Kisten und können so bei Bedarf leicht mit umziehen.

Einige Stadtfarmen haben durchaus kommerzielle Ambitionen. In Chicago wurde ein altes Fleischpack-Lagerhaus in *The Plant*, einen so genannten Aquaponic-Garten, umgewandelt: Hier wachsen Gemüse in riesigen Trögen in Hydrokultur – benachbart von Tanks mit Tilapia-Fischen, deren nitrathaltige Ausscheidungen als Dünger dienen. Fische und Gemüse werden gewinnbringend verkauft. Inzwischen ist geplant, eine Brauerei zu integrieren: Die Malzreste liefern das Fischfutter und in einem anaeroben Faulturm wird Wärme und Licht für das Gebäude erzeugt. Im britischen Stoke-on-Trent (in einer Region mit dem höchsten Anteil fettleibiger Menschen in Europa) wird zurzeit ein über 27 Hektar großer Golfplatz in einen städtischen Bauernhof umgewandelt, mit Obst- und Gemüsegärten und Viehweiden. Dort will das *Urbivore*-Projekt in den nächsten fünf Jahren 700 Tonnen Nahrung erzeugen. Die Produkte sollen zur Hälfte an Supermärkte, zur Hälfte vor Ort verkauft werden.

Andere Projekte haben eher symbolische Bedeutung. Der *Farm:Shop* in Dalston (Ost-London) z. B. hat seinen Sitz in einem viktorianischen Reihenhaus. In einem Folientunnel hinter dem Haus wachsen Pflanzen, im Café gibt es eine Mini-Aquakultur und auf dem Dach picken Hühner. Natürlich kann das nicht alle Anwohner versorgen, aber es regt zum Nachdenken an. In Elephant and Castle (Süd-London) wurde die Fläche rund um ein Anwesen in eine kleine Wiese verwandelt. Das dort im Sommer geschnittene Heu kann höchstens eine Garage füllen – aber es freut und inspiriert alle, die es sehen.

Am besten gemeinsam

„Selbst der kleinste Gemeinschaftsgarten wird bald zum Treffpunkt, an dem sich die Menschen unterhalten – und das nicht nur über Essen und Blumen."

Das Leben in der Stadt kann ziemlich anonym sein. Viele Menschen verlassen ihre Wohnung nur, um zur Arbeit zu gehen, und nehmen kaum Notiz von ihren Nachbarn. Aber immer mehr Städter geben sich damit nicht mehr zufrieden: Sie verlassen ihre vier Wände und beginnen Löcher zu graben.

Wer zu Hause wenig oder gar keinen Platz für Pflanzen hat, sieht sich nach verlassenen Grundstücken, Niemandsland voller Unkräuter oder öden Brachflächen um und entdeckt das Potenzial für Salat, Tomaten und Bohnen. Wer sich traut, mit seinen Nachbarn über solche verrückten Ideen zu sprechen, stößt oft auf offene Ohren. Ehe man sich versieht, entsteht ein neuer Garten und man hat viele neue Freunde. Selbst der kleinste Gemeinschaftsgarten wird bald zum Treffpunkt, an dem sich die Menschen unterhalten – und das nicht nur über Essen und Blumen.

Dieser Trend kann sich aber nur durchsetzen, wenn wir unsere Einstellung zur Arbeit ändern und mehr Zeit daheim verbringen. Bis 2020 wird die Zahl der Büroangestellten vermutlich überall in Europa abnehmen. In rund zehn Jahren dürfte etwa die Hälfte der Beschäftigten in den USA als Selbstständige arbeiten. So werden viele von uns häufiger zu Hause sein und dadurch ihre Nachbarn etwas besser kennenlernen.

Ein Gemeinschaftsgarten bietet viele Vorteile. Da die Fläche meist größer ist als in einem Privatgärtchen, können Sie Ihrer Fantasie freien Lauf lassen. Im Team lässt sich die Anstrengung einer Neuanlage viel leichter bewältigen. Es findet sich immer jemand, der das Gießen übernimmt, wenn Sie in Urlaub fahren, und jede Ernte ist ein willkommener Anlass für eine Party. Fragt sich nur noch, wo? Es gibt eine Menge Möglichkeiten, Gemüse jenseits des eigenen Grundstücks anzubauen. Hier ein paar Vorschläge ...

Einen Garten teilen

Sie haben keinen Garten – andere haben einen, den sie aber nur mäßig nutzen können oder wollen. Sie stellen Ihnen einen Teil der Fläche zur Verfügung und bekommen zum Dank reichlich frische Tomaten, Salat und Bohnen ab, ohne selbst etwas tun zu müssen. Einfacher geht's nicht. Im Internet finden Sie leicht Informationen über solche Gelegenheiten, z. B. mit Suchbegriffen wie „Garten teilen“ oder „Gemeinschaftsgarten“. Machen Sie sich auf die Suche nach Angeboten in Ihrer Nachbarschaft.

Beachten Sie einige Voraussetzungen, bevor Sie sich auf die Suche begeben, damit die gemeinsame Gartennutzung harmonisch gelingt:

1. Überlegen Sie gründlich, ob Sie wirklich genug Zeit aufbringen können.
2. Halten Sie sich an das, was Sie können, oder lassen Sie sich von einem erfahrenen Gärtner helfen. Patti Kydd, die in gartenarmen Städten in Südengland eine Initiative für Gemeinschaftsgärten betreibt, berichtet von ihren Erfahrungen: „Pflanzen im Garten eines Nachbarn zu ziehen ähnelt dem Angebot, eine fremde Wohnung zu gestalten. Auch wenn die Besitzer nichts bezahlen müssen, mögen sie es gar nicht, wenn ihre Wohnung verunstaltet wird.“
3. Als Gartenbesitzer haben Sie umso mehr davon, je mehr Sie sich selbst engagieren. Wer zusammen mit anderen pflanzt, kann neue Freunde gewinnen und nebenbei mitbestimmen, was geerntet wird.

30 AUGUST

RURBANITES: Mak Gilchrist und Will Sandy, Gemeinschaftsgärtner in Brixton, London

Das Grundstück am Ende der Landor Road im Londoner Stadtteil Brixton war ein öder Fleck mit fest getretenem Boden – voller Trampelpfade von Leuten, die den Bus 322 erwischen wollten. Aber als dort eine Baugesellschaft Häuser errichten wollte, wurde die Nachbarschaft wach. Bei den Treffen im örtlichen Pub ging es schließlich um eine einsame Maispflanze, die ein Guerilla-Gärtner dort gesät hatte. Sie regte die Fantasie an: Warum wandeln wir die Fläche nicht in einen Gemeinschaftsgarten für Gemüse um?

„Ich wohne hier seit 20 Jahren und habe mit niemandem gesprochen, bis ich in diesem Garten mitwirkte."

Eine Freiwillige des Edible Bus Stop in Brixton

Mak Gilchrist, der als Model arbeitet und seit 23 Jahren hier wohnt, und der Landschaftsarchitekt Will Sandy setzten das Geplauder in die Tat um. Sie organisierten ein Großreinemachen und baten die Nachbarn um Pflanzen und Samen. Ihr Garten, der Edible Bus Stop, ist jetzt ein Jahr alt. Kohl, Tomaten und Erdbeeren füllen schon die Beete und verzieren das Pflaster – oft besucht von Freiwilligen, die Unkraut jäten oder Zwiebeln stecken. Selbst Passanten, die auf den Bus warten, pflanzen, zupfen Unkräuter oder pflücken sich etwas.

Letzten Sommer gab es ein Straßenfest und das Café gegenüber bereitete aus der Ernte eine Gemüsesuppe für alle. Nun wollen sie das Konzept auch an anderen Bushaltestellen ausprobieren. Warum ein Nutzgarten? „Wenn du eine Rose pflanzt, sieht sie toll aus", sagt Will, „aber eine Tomatenpflanze kannst du gemeinsam beernten und genießen. Eine Frau hat mir erzählt, dass sie seit 20 Jahren hier wohnt, aber erst durch den Garten andere kennengelernt hat." Mak stimmt ihm zu: „Essbare Pflanzen bringen die Leute zusammen. Man kann sich mit einer älteren Dame aus der Karibik ebenso gut über Tomaten unterhalten wie mit einem frisch zugezogenen Banker – das passiert bei einem Rosenstrauch kaum."

Garten-Top-Tipps von Mak und Will

1. „Fangen Sie einfach an", meint Will. „Wenn man auf einem Stück Ödland loslegt, besteht eine gute Chance, dass die Behörden zustimmen, wenn sie sehen, dass sich da Ansehnliches entwickelt."

2. „Bringen Sie sich ein – lassen Sie Ihr Ego beiseite."

3. „Denken Sie daran", meint Mak, „es geht nicht nur ums Gärtnern, es geht um die Gemeinschaft. Planen Sie Events um den Garten herum, wie Straßenfeste und Kaffee und Kuchen am Nachmittag. Zucker und Alkohol sind prima Mittel, um Menschen in Kontakt zu bringen!"

Vernachlässigte Flecken

In fast jeder Stadt gibt es kleinere Flächen, die niemand zu gehören scheinen. Keiner weiß so recht, wer dafür verantwortlich ist. Vielleicht finden sich auch bei Ihnen am Ende der Straße ein paar Beete mit Trampelpfaden, in denen nichts wächst und sich Bierdosen und Zigarettenstummel türmen; oder ein öder Streifen Erde zwischen Ihrem Wohnblock und dem Bürgersteig. Formal sind eventuell städtische Ämter dafür zuständig, kümmern sich aber nicht immer darum. Was spricht dagegen, solche Flecken in einen Nutzgarten zu verwandeln? Siehe „Vom Ödland zum Wunderland" (S. 21) mit Tipps zum weiteren Vorgehen.

Grundstücke im Wartezustand

Vielerorts gibt es Grundstücke, für die ein Bebauungsplan existiert, die aber noch ungenutzt brachliegen – manchmal jahrelang. Sie verraten sich oft durch unschöne Müllansammlungen. Irgendwer will sicher irgendwann darauf bauen, sodass eine Gartennutzung höchstens übergangsweise möglich wird. Fragen Sie bei der Stadt oder dem Bauträger nach, ob das grundsätzlich genehm wäre. Vielfach sind die Behörden sogar dankbar, wenn solche Flächen bis auf Weiteres sinnvoll verwendet werden. Sogar manche Bauträger unterstützen solch ein Gartenprojekt gern – nicht zuletzt, weil es gut fürs Image ist.

OBEN: Vernachlässigte Flächen wie diese Verkehrsinsel lassen sich oft als Gemeinschaftsgarten nutzen.

RECHTS: Wenn Sie befürchten, dass der Boden schadstoffbelastet ist, legen Sie Hochbeete an.

Eines dieser Projekte, der *Urban Orchard* in London, war bis 2010 ein armseliger Streifen Land unter einer Eisenbahnbrücke hinter der Tower-Bridge. Er wurde in eine grüne Oase mit Obstbäumen in Kübeln verwandelt. Sie fanden später in den Häusern der Anwohner eine neue Heimat.

Nicht mehr genutzte Parkplätze oder Industriestandorte sind häufig betoniert, sodass sich die Pflanzen nur in Töpfen ziehen lassen. Das hat aber auch den Vorteil, dass man sich wegen eventuell kontaminierter Böden keine Sorgen machen muss. Und falls Sie umziehen, nehmen Sie Ihren mobilen Garten einfach mit.

Wem gehört das? In 5 Schritten zum Garten

Sie haben also eine ungenutzte oder vernachlässigte Fläche entdeckt und möchten gern einen Garten daraus machen. So geht's am besten...

1. Fragen Sie in der Nachbarschaft herum, was es mit der Fläche auf sich hat und wem sie gehört. Wenden Sie sich im Zweifelsfall an die zuständigen Ämter. Diese sollten Bescheid wissen; oftmals gehört das Grundstück sogar der Stadt.
2. Reden Sie mit den Nachbarn über Ihre Idee und finden Sie heraus, ob es Unterstützung dafür gibt. Das persönliche Gespräch ist freundlicher und ergiebiger, als nur Flugblätter in die Briefkästen zu werfen.
3. Wenn Sie Unterstützer gefunden haben, wenden Sie sich an den Eigentümer und stellen Sie Ihren Plan vor. Vielleicht ist er einverstanden, vielleicht schlägt er auch ein anderes, besser geeignetes Grundstück vor.
4. Erkundigen Sie sich (z.B. im Internet), ob es für Projekte dieser Art finanzielle und/oder fachliche Hilfe gibt. In London wurden beispielsweise seit 2009 fast 2000 neue Gärten dieser Art gefördert.
5. Treffen Sie mit dem Eigentümer eine schriftlich festgehaltene Vereinbarung, bevor Sie loslegen. Vielleicht verlangt der Eigentümer auch eine Versicherung (wenn er Angst vor Folgekosten hat). Auch hierbei können die Behörden oder Stiftungen helfen.

Vom Ödland zum Wunderland

Herzlichen Glückwunsch! Sie sind also Herr über Unkräuter und Müll geworden. Beachten Sie zunächst einige grundsätzliche Dinge, bevor Sie richtig loslegen ...

Lassen Sie einige Wildkräuter stehen

Brombeeren und Brennnesseln wirken zwar nicht besonders einladend, aber gerade Brachen sind wichtige Lebensräume (siehe „Für eine lebendige Umwelt", S. 92). Schmetterlinge legen Eier an den Brennnesseln ab, Bienen saugen den Nektar aus Brombeerblüten und Vögel fressen die Früchte. Hacken Sie deshalb nicht alles weg, sondern belassen Sie eine Ecke mit Wildwuchs. Außerdem können Sie im Frühling eine leckere Brennnesselsuppe genießen (siehe S. 129).

Ist der Boden schadstofffrei?

Der Boden städtischer Ödflächen könnte Schadstoffe enthalten, z.B. Rückstände ehemaliger Werkstätten. Fragen Sie bei den Behörden nach der früheren Nutzung. Um ganz sicherzugehen, können Sie eine Bodenprobe nehmen und von einem Fachlabor untersuchen lassen. Solche Tests sind allerdings teuer. Daher verzichten viele Gärtner auf solche Analysen, kultivieren ihre Pflanzen in Hochbeeten oder Kübeln und legen eine kräftige Unkrautfolie darunter, sodass die Nutzpflanzen nicht im anstehenden Boden wurzeln können. Damit ist die Sorge um eventuelle Kontamination hinfällig.

Tipp Bretter für Hochbeete bekommt man teils günstig oder sogar kostenlos, wo Baustellen geräumt werden, z. B. nicht mehr benötigte Dielen oder Gerüstbretter. Am einfachsten nehmen Sie drei gleich lange Bretter: zwei für die Längsseiten und eins davon – in der Mitte durchgesägt – für die Schmalseiten. Diese sollten nur so breit werden, dass Sie später alle Pflanzen von den Längsseiten her gut erreichen (etwa 120 cm). Stellen Sie die Bretter im Viereck zusammen (3 cm tief in den Boden eingraben, für bessere Stabilität) und setzen Sie jeweils einen Vierkantpfosten in die Ecken; nageln oder schrauben Sie die Bretter daran. Je nach gewünschter Höhe kommen noch ein bis drei Lagen Bretter darüber.

Woher Wasser nehmen?

Pflanzen brauchen Wasser, doch öffentliche Zapfstellen findet man kaum. Falls die Möglichkeit besteht, leiten Sie von einem Dach das Regenwasser vom Fallrohr in eine Tonne, um damit zu gießen. Vielleicht erklärt sich auch ein Nachbar bereit, einen Schlauch bei sich anzuschließen. In der York Rise Siedlung im Norden Londons wird ein Gemeinschaftsgarten regelmäßig über einen Schlauch bewässert, der durch ein Fenster bis in ein Badezimmer der zweiten Etage führt. Sollte sich gar keine Lösung finden, pflanzen Sie am besten Arten, die etwas Trockenheit vertragen (siehe „Gemüse mit geringem Durst“, S. 32).

Projekt

Wie geht's?
MÜHELOSE WASSERVERSORGUNG

Dieses einfache System eignet sich bestens für Gemeinschaftsgärten. Es senkt den Arbeitsaufwand beim Bewässern großer Gemüseflächen und hilft, knappes Wasser optimal zu nutzen. Alles Zubehör bekommen Sie in Baumärkten oder Gartencentern.

Sie brauchen

- einen stabilen Eimer
- einen Bohrer
- ein Teppichmesser
- einen Wasserhahn aus Kunststoff (für Regentonnen)
- 4 bis 5 Ziegelsteine als Sockel für den Eimer
- einen ausreichend langen, perforierten Schlauch (Perlschlauch) für Tröpfchenbewässerung
- einen Stopfen (Klemme) für das Schlauchende
- 30 Minuten

Wann? Frühjahr bis Herbst (nicht bei Frost)

So wird's gemacht

Bohren Sie mit dem größten Bohrer, den Sie finden, ein Loch unten in die Wand des Eimers. Schneiden Sie es mit dem Teppichmesser auf die passende Größe für den Hahn zurecht. Vergrößern Sie das Loch vorsichtig nach und nach: Der Hahn muss richtig stramm sitzen, sonst tröpfelt das Wasser heraus. Stellen Sie den Eimer auf die Steine, schließen den Schlauch an und legen Sie ihn möglichst nah an den Pflanzen aus; er kann auch flach eingegraben werden. Verschließen Sie das Schlauchende mit dem Stopfen oder der Klemme und öffnen Sie den Hahn. Das Wasser sickert aus den Poren direkt zu den Pflanzenwurzeln. Der Eimer sammelt auch Regenwasser.

5 UNVERZICHTBARE DINGE

... für Gemeinschaftsgärten

Kompostboxen (siehe S. 45)

ein gemeinsamer Sitzplatz; ein paar Balken auf dem Boden tun's auch

abgegrenzte Beete

eine Wasserquelle, vielleicht ein Anschluss bei einem freundlichen Nachbarn oder eine Wassertonne

ein „wilder" Bereich, um Tiere anzulocken (siehe „Für eine lebendige Umwelt", S. 92)

5 HILFREICHE UND SCHÖNE DINGE

... für Gemeinschaftsgärten

ein Teich

ein Schuppen für Gartengeräte und Zubehör

ein überdachter Bereich, z.B. ein Gartenzelt, als Unterschlupf bei Regen

ein Grill; es gibt kaum Besseres, um die Leute zusammenzubringen, als gemeinsam zu grillen

ein Gartentagebuch mit Plastikhülle, in dem Saaten und Ernten notiert werden

Tipp Wie man die Ernte aufteilt, ist Abstimmungssache. In den meisten Gemeinschaftsgärten gilt aber unausgesprochen, dass diejenigen, die am meisten arbeiten, auch den größten Anteil bekommen – das klappt meist erstaunlich gut.

Die 5 besten Gemüse für Gemeinschaftsgärten

Diese Gemüse sind sehr ergiebig und damit perfekt für einen Gemeinschaftsgarten geeignet. Sie brauchen nicht allzu viel Pflege und liefern eine reiche Ernte, sodass jeder etwas davon hat.

Grünkohl

Die Grünkohlsorten sind die verkannten Helden der Gemüsewelt, denn sie liefern über Monate, vom Herbst bis zum Frühjahr, immer wieder frische, gesunde Blätter. Besonders produktiv sind der Palmkohl 'Nero di Toscana' sowie hohe Sorten wie der sehr frostharte 'Winterbor' und der rotblättrige 'Redbor'.

Grünkohl schmeckt in Suppen und Eintöpfen, als Pfannengemüse mit Parmesan oder gedämpft mit viel Butter, z. B. zu gebratenem Fleisch. Sehr junge Blätter sind mild und schmecken sogar als Salat. Am besten munden sie, nachdem sie schon leichten Frost abbekommen haben. Man kann Grünkohl auch an einem bitterkalten Wintertag ernten, wenn seine Blätter mit Raureif überzogen sind und das stattliche Gemüse der Kälte trotzt. Grünkohl wird seltener von Raupen und Schnecken befallen als Kopfkohl, nur Tauben stellen eine gewisse Gefahr dar (sie sollen sich mit aufgehängten alten CDs abschrecken lassen).

Grünkohl wird ab Mitte Mai in kleine Töpfe gesät und im Hochsommer an einen sonnigen Standort umgepflanzt (40–50 cm Abstand). Am liebsten mag er nährstoffreiche Böden, die mit Kompost oder gut verrottetem Stallmist angereichert wurden. Drücken Sie die Erde um die Pflanzen gut fest und häufeln Sie nach dem Anwachsen rund um die Stängelbasis etwas Erde an. Pflücken Sie die reifen Blätter nach Bedarf von unten nach oben. Die Ernte kann ab dem Frühherbst beginnen und zieht sich bis in den Frühling hin, bevor die Pflanzen Blütenstängel bilden.

• **Zu Grünkohl in Töpfen siehe S. 73**

Mangold

Der attraktive, ergiebige, robuste Mangold (rechts) ist ein ideales Gemüse für den Eigenanbau. Selbst wenn Sie ab und zu das Gießen vergessen, lässt er sich nicht unterkriegen. Wenn Sie jeweils nur die äußeren Stiele und Blätter abschneiden, treiben für mindestens vier Monate lang neue Blätter aus dem Zentrum nach. So können Sie regelmäßig Tüten voller Mangold nach Hause tragen – dies am besten möglichst schnell, denn die geernteten Blätter welken rasch.

Mangold hat ein kräftigeres Aroma als Spinat und schmeckt hervorragend mit Butter oder einer Käsesoße. Die jungen Blätter lassen sich auch roh als Salat genießen. Sorten wie 'Bright Lights', 'Rainbow', 'Rhubarb Chard' und 'Lucullus' bringen mit roten, gelben und weißen Blattstielen Farbe ins Beet. Von ihnen können auch die Stiele gegessen und ähnlich wie Spargel zubereitet werden.

Mangold wird von April bis Juni gesät, entweder zunächst in kleine Töpfe oder direkt in große Kübel oder ins Beet. Die Pflanzen brauchen 30 cm Abstand. Mit etwas Winterschutz (Gartenvlies) ist häufig eine Ernte bis ins nächste Frühjahr möglich. Schnecken werden dem Mangold meist nur in der ersten Zeit gefährlich. Später graben manchmal Larven von Minierfliegen Gänge in die Blätter und hinterlassen braune Flecken. Entfernen Sie befallene Blätter komplett oder zerdrücken Sie die Larven mit den Fingern und schneiden nur die betroffenen Teile heraus.

• **Zu Mangold in Töpfen siehe S. 73**

Frühkartoffeln

Kartoffeln sind sehr lohnend und eignen sich deshalb bestens für einen Gemeinschaftsgarten. Ein Säckchen Pflanzkartoffeln und ein Vormittag Arbeit genügen, um sich auf mehrere Mahlzeiten zu freuen. Spätkartoffeln, die sich gut lagern lassen, erntet man erst im Herbst, wenn die Blätter gelb werden. Gerade für kleine Stadtgärten sind aber Frühkartoffeln für die Sommerernte zu bevorzugen: Sie schmecken – frisch geerntet und gleich verarbeitet – besonders köstlich und beanspruchen das Beet nur für kürzere Zeit.

Frühe Sorten sind meist festkochend und geben besonders leckere Salatkartoffeln ab. Schneiden Sie die Kartoffeln in einen Frühlingssalat mit frühen Roten Beten und zarten Bohnen; auch gedünstet mit frischer Minze sind sie unschlagbar. Manche superschnelle Sorten, wie 'Swift' und 'Rocket', sind schon nach rund 10 Wochen erntereif; 'Belana', 'Sieglinde', 'Orla' und 'Charlotte' brauchen etwas länger, schmecken aber aromatischer, geradezu nussig. Sie können mit etwa 20 Kartoffeln pro Pflanze rechnen, die auch weitaus günstiger als im Laden erhältliche sind.

Einige Frühsorten wie die rotschalige 'Roter Erstling' ('Red Duke of York') schmecken sowohl als Bratkartoffeln wie im Salat. Und Sie müssen sich nicht auf Rot beschränken: Es gibt sogar blaue, violette und schwarze Sorten, wie 'Blaue Schweden', 'Salad Blue', 'Vitelotte' und 'Shetland Black'. Sie werden erst im Spätsommer geerntet – aber das esskastanienartige, butterweiche Fleisch lohnt das Warten.

Wenn Sie die Pflanzknollen schon im März an einer mäßig warmen Fensterbank vortreiben, sodass bereits kurze Sprosse wachsen, können Sie bis zu zwei Wochen früher ernten. Kartoffeln gedeihen am besten in nährstoffreicher, feuchter, lockerer Erde an einem sonnigen Standort. Mulchen Sie das Beet im Herbst mindestens 15 cm hoch mit Kompost oder gut verrottetem Stallmist oder holen Sie dies im zeitigen Frühling nach.

Ab Mitte April, wenn keine starken Fröste mehr drohen, werden die Knollen ins Beet gesetzt. Heben Sie einen rund 15 cm tiefen, schmalen Graben aus, etwa so breit wie eine Pflanzschaufel. Lassen Sie zwischen zwei Gräben 60 cm Abstand. Legen Sie die Kartoffeln im Abstand von etwa 30 cm in den Graben – vorgekeimte Triebe zeigen nach oben. Bietet der Garten zu wenig Platz für Gräben, setzen Sie die Knollen in einzelne Pflanzlöcher mit 30 cm Abstand.

Füllen Sie die Gräben mit Erde auf und gießen Sie reichlich. Falls der Wetterbericht Nachtfröste ankündigt, decken Sie die jungen Triebe mit Gartenvlies oder Zeitungspapier ab. Wenn die Kartoffelpflanzen etwa 20 cm hoch sind, werden sie angehäufelt: Ziehen Sie dazu Erde aus der Umgebung heran, bis nur noch ein paar Zentimeter der Pflanzen oben herausschauen. Das beugt dem Vergrünen der Knollen vor (grüne Teile sind giftig!) und fördert das Wachstum. Der Schlüssel zu einer guten Kartoffelernte ist reichlich Wasser: Gießen Sie in heißen Sommern durchdringend, mindestens zweimal pro Woche.

Da man zum Ernten der Frühkartoffeln nicht das Welken des Laubs abwartet, braucht man etwas Fingerspitzengefühl. Bei manchen Sorten ist es soweit, wenn sie zu blühen beginnen, andere kommen nie zur Blüte. Am besten legen Sie zunächst ein paar Knollen mit der Pflanzschaufel frei. Sind sie eigroß, kann geerntet werden. Dieses Nachsehen lohnt sich bei sehr frühen Sorten ab etwa 12 Wochen nach dem Pflanzen, bei anderen Frühkartoffeln ab der 14. Woche.

Wie geht's?

PFLEGELEICHTES KARTOFFELBEET

Kartoffeln sind die ideale Erstfrucht, um einen lange unbearbeiteten Boden aufzuschließen. Selbst wenn sich Ihr Garten in den letzten drei Jahren in einen Unkrautdschungel verwandelt hat, können Kartoffeln helfen. Denn sie sind nicht nur ertragreich und schmackhaft, sondern bereiten die Fläche auch prima für Folgefrüchte vor, indem sie einen gut gelockerten Boden hinterlassen.

Und bei dem hier beschriebenen Verfahren müssen Sie noch nicht einmal gießen, jäten und anhäufeln. Hier bewahren Mulchfolie und Pappe die Bodenfeuchtigkeit und unterdrücken Unkräuter; für die Pflanzen ausgeschnittene Löcher lassen dabei genügend Regenwasser durch. Allerdings können sich Schnecken unter der Pappe sehr wohl fühlen und über die Kartoffeln hermachen: Streuen Sie vorbeugend etwas Schneckenkorn in die Pflanzlöcher. Am Anfang ist die schwarze Plastikfolie noch sichtbar, wird aber von den Blättern der Kartoffelpflanzen bald überwuchert und fällt nicht mehr auf.

Sie brauchen

ein Stück unbearbeiteten Boden (im Garten oder Schrebergarten)

vorgekeimte Kartoffeln (am besten Frühsorten)

genug Pappe, um das ganze Beet zu bedecken

schwarze Mulchfolie oder dunkles Unkrautvlies aus dem Gartencenter (umweltfreundliches bzw. „Bio")

Schneckenkorn

eine kräftige Schere

eine Handschaufel

eine Gießkanne

Steine, Ziegel oder Holzbretter, um die Folie zu fixieren

anderthalb Stunden

Wann?

Im späten Frühjahr

So wird's gemacht

Wenn Sie die Kartoffeln auf einer Grasfläche pflanzen möchten, mähen Sie zuerst die Gräser (den Schnitt liegen lassen). Schneiden Sie hartnäckige Unkräuter direkt am Boden weg. Bewässern Sie die Fläche gründlich. Graben Sie mit der Handschaufel im Abstand von 30 cm Pflanzlöcher (15 cm tief und 10 cm breit). Sollte der Boden sehr hart sein, graben Sie einfach so tief es geht. Streuen Sie ein paar Schneckenkörner in jedes Loch und legen Sie je eine vorgekeimte Kartoffel hinein. Füllen Sie mit Erde auf, decken Sie mit Grasschnitt ab und gießen Sie nochmals kräftig. Zerteilen Sie die Abdeck-Pappe in passende Stücke und schneiden Sie über jeder Kartoffel eine 10 x 10 cm große Öffnung zum Durchwachsen frei. Gießen Sie die Pappe, bis sie sich voll gesaugt hat, und decken Sie alles locker mit der Folie ab (am Rand mit Steinen, Brettern oder Erde beschweren).

Sobald die wachsenden Kartoffeln die Folie zu kleinen Hügeln anheben, schneiden Sie passende Löcher für die Pflanzen hinein. Gießen ist jetzt kaum noch nötig, denn Pappe und Folie halten die Feuchtigkeit im Boden; sehen Sie trotzdem gelegentlich nach. Falls Sie Unkrautvlies statt Folie verwenden, müssen Sie eventuell etwas öfter gießen.

Erste Frühkartoffeln lassen sich nach rund 14 Wochen ernten: Heben Sie Folie und Pappe ab und graben Sie die Kartoffeln aus. Die Pappe kann auch liegen bleiben und untergegraben werden.

Zucchini und Kürbisse

Um gut zu gedeihen, brauchen diese wüchsigen, robusten Pflanzen Sonne, einen humusreichen, gut wasserspeichernden Boden, recht viel Platz und reichlich Wasser. Wenn Sie diese Ansprüche erfüllen können, werden Sie reichlich belohnt. Je mehr Zucchini und Sommerkürbisse Sie ernten, desto mehr Früchte wachsen nach. Vor allem Zucchini sind berüchtigt für ihre „Ernteschwemme", was im Gemeinschaftsgarten zu einer günstigen Win-Win-Situation führt: Sie reichen für alle, werden aber keinem überdrüssig.

Winterkürbisse haben eine härtere Schale, da man sie voll ausreifen lässt, und können deshalb teils über Monate gelagert werden. Der Ertrag ist oft etwas geringer, aber sie machen wirklich Spaß – vom süßen 'Uchiki Kuri' mit der feurig roten Frucht bis zu den bizarren Spaghettikürbissen mit nudelartigem Fruchtfleisch. Die meisten klettern gut und überwuchern in Kürze Pergolen und Rankgitter. Die aromatischen Butternut-Kürbisse brauchen mehr Wärme, um verlässlich zu reifen. Winterkürbisse werden ab Frühherbst geerntet und sollten einige Tage in der Sonne liegen bleiben, damit die Schale aushärten kann.

Bei den klassischen grünen Zucchini ist die Sorte 'Defender' eine gute Wahl. 'Costates Romanesco' hat auffällige Streifen und die gelbe 'Soleil' sieht unwiderstehlich freundlich aus. Rundfrüchtige Sorten wie 'Eight Ball' eignen sich auch für kleinere Flächen. Wie Zucchini können auch Sommerkürbisse, z. B. die weißen oder gelben Patissons, jung gepflückt und als Ganzes gedünstet werden. Spektakulär wird es mit dem kletternden Kürbis 'Tromboncino' mit sehr langen, schlangenartig gekringelten Früchten. Man kann sie jung wie Zucchini essen oder ausreifen lassen. Die essbaren Blüten der Zucchini und Kürbisse können Sie in Teig ausbacken oder mit Schafskäse oder Ricotta füllen.

Zucchini und Kürbisse werden im Spätfrühling in kleine Töpfe gesät (etwa 2 cm tief) und ab Mitte Mai an einem sonnigen Platz ausgepflanzt. Arbeiten Sie schon einige Zeit zuvor gut verrotteten Stallmist oder Kompost in den Boden ein. Pflanzen Sie je nach Wuchsstärke der Sorte mit 60–200 cm Abstand. Das Aufbinden rankender Sorten an Kletterhilfen spart Platz. Geben Sie ab der Blütezeit alle zwei Wochen einen kalireichen Dünger, beispielsweise Tomatendünger oder flüssiges Algenkonzentrat. Gut eignet sich dafür auch die Flüssigkeit, die aus Wurmkompost austritt. Vor allem Zucchini sind anfällig für Echten Mehltau; befallene Blätter sehen aus wie mit Mehl bestäubt. Zu enger Stand und Trockenheit fördern diese Pilzkrankheit – deshalb gut gießen und befallene Blätter gleich abschneiden.

Knoblauch

Pflanzen und in Ruhe lassen: In diese einfache Kategorie fällt der Knoblauch, der sich schon bei wenig Platz und Aufwand lohnt. Selbst in einem Gemeinschaftsgarten mit vielen Freiwilligen lässt sich leicht genug Knoblauch für alle ernten.

Brechen Sie eine Knolle (Zwiebel) auseinander und stecken Sie die einzelnen Zehen im Frühling oder Herbst mit 15 cm Abstand in gut gelockerten Boden – so, dass die Spitze nach oben weist und knapp unter die Erdoberfläche kommt. Aus jeder Zehe wächst dann eine komplette Knoblauchknolle heran. Knoblauch liebt Sonne und ist ansonsten recht anspruchslos. Nur schwerer, sehr tonhaltiger und feuchter Boden bekommt ihm nicht; arbeiten Sie in dem Fall reichlich feinen Kies oder Splitt ein.

Knoblauch aus dem Supermarkt eignet sich für den Garten weniger, weil er oft aus einem anderen Klima kommt. Sehen Sie sich besser in Gartencentern oder bei speziellen Versendern nach richtigem Pflanzknoblauch um. Bewährte Sorten sind z. B. 'Burgenland', 'Messidor' und 'Edenrose' (rosa).

Gießen Sie zurückhaltend, aber regelmäßig, vor allem im Frühsommer, wenn sich die Knollen bilden. Je nach Pflanzzeit wird Knoblauch ab dem Hochsommer geerntet, wenn sich die Blätter gelb verfärben und anfangen umzuknicken. Bei Frühjahrspflanzung müssen Sie teils bis September warten. Lassen Sie die geernteten Knollen ein paar Tage in der Sonne trocknen, bis sich die Haut papierartig anfühlt. In einer trockenen, luftigen Vorratskammer hält sich Knoblauch mehrere Monate.

• **Siehe auch Chili (S. 70), Busch- und Stangenbohnen (S. 57), Tomaten (S. 51), Kräuter (S. 34-36), Salate (S. 56-57), Rucola (S. 32), Topinambur (S. 32), Himbeeren (S. 48), Asia-Salate (S. 57), Artischocken (S. 58), Radieschen (S. 70), Frühlingszwiebeln (S. 70)**

„Je mehr Zucchini und Sommerkürbisse Sie ernten, desto mehr Früchte wachsen nach – geradezu perfekt für einen Gemeinschaftsgarten."

RURBANITES: Marco Clausen und Robert Shaw, mobile *Urban Farmer* aus Berlin

Im Berliner Stadtteil Kreuzberg, direkt neben einem dröhnenden Kreisverkehr und im Schatten von Wohnblöcken, verspricht ein buntes Schild: „Heute und jeden Tag: frisches Gemüse und Kräuter zu ernten, ohne Witz!" Ein paar Schritte weiter liegt der Eingang zum Prinzessinnengärten, einem 6000 m² großen Gemeinschaftsgarten samt Gartencafé und -restaurant. Noch vor einigen Jahren war hier nur eine Brachfläche voller Müll und Glasscherben. Früher hatte darauf ein Kaufhaus gestanden, das im Zweiten Weltkrieg zerbombt worden war; seitdem stand die Fläche leer.

„Noch vor wenigen Jahren war hier nur eine Brache voller Müll und Glasscherben."

Der Filmemacher Robert Shaw, der bis dahin kaum Ahnung von Gartenbau hatte, wurde bei einem Aufenthalt in Kuba zu dem Projekt inspiriert. „Er lernte dort die *Agricultura Urbana* kennen und war beeindruckt", erzählt Marco, der das Projekt mitbegründete. Nach Roberts Rückkehr suchten die beiden nach einem passenden Gelände und pachteten das Stück Ödland von der Stadt. Mit einer Anzeige in einem Lokalblatt suchten sie nach Helfern, um das Grundstück herzurichten – 150 Freiwillige meldeten sich.

Jetzt reihen sich dort recycelte Bäckerkisten, Reissäcke und Tetra-Paks auf, die als Pflanzgefäße dienen und sich zu 800 m² Nutzfläche addieren – mit allem möglichen Gemüse, von Salat, Spinat und Porree über Kohlköpfe bis zu Tomaten, Auberginen und Kartoffeln. Freiwillige und bezahlte Helfer verwandeln die vielfältige Ernte in Suppen, Salate und Pizzen, die in einem zum Gartencafé umgebauten alten Schiffscontainer angeboten werden. Ein Teil des Gemüses wird an Selbsternter verkauft. Regelmäßig finden große Gartendinner mit bis zu 100 Gästen statt.

Einen ursprünglich geplanten Grundstücksverkauf hat die Stadt Berlin zum Glück ausgesetzt. Dennoch kann es passieren, dass der Pachtvertrag irgendwann nicht mehr verlängert wird. Doch die gemeinnützige Organisation der Betreiber nennt sich nicht zufällig Nomadisch Grün: Die Pflanzgefäße sind ebenso mobil wie die Containergebäude und können notfalls komplett umziehen. Irgendwo in Berlin wird der Garten weiterleben, dank seiner Mobiliät gegebenenfalls auch auf versiegelten Flächen.

5 Gemüse mit geringem Durst

Diese Gemüse sind recht trockenheitsverträglich, also ideal für einen Garten ohne Wasseranschluss oder wenn Sie nicht täglich gießen können. Allerdings brauchen auch sie anfangs regelmäßig Wasser, bis sie gut eingewachsen sind.

Rucola und Senfrauke

Von diesem kresseartig scharfen Salat gibt es zwei Formen: die einjährige Rucola und die mehrjährige Senfrauke, die schärfer und würziger schmeckt und mit der Zeit buschig wächst. Rucola können Sie von Frühjahr bis Frühherbst säen, am besten alle paar Wochen in Folgesaaten. Bei heißem Wetter neigt Rucola allerdings zum Schießen – für Sommersaaten ist die Senfrauke besser geeignet. Gesät wird an einem sonnigen oder halbschattigen Platz, rund 1 cm tief und im Abstand von 5 cm; Reihenabstand etwa 15 cm. Achten Sie auf Schnecken. Sind die Blätter wie mit winzigen Schrotkugeln durchlöchert, waren vermutlich Erdflöhe am Werk. Vorbeugend helfen häufiges Hacken oder Mulchen sowie feinmaschige Kulturschutznetze. Ernten Sie regelmäßig die jungen, zarten Blätter.

Rote Bete

Säen Sie großzügig Rote Bete – Sie werden es nicht bereuen. Lecker sind nicht nur die runden Rüben, ob roh oder gedünstet (z.B. mit Schafs- oder Ziegenkäse), sondern auch die knackigen jungen Blätter in Salaten. Rote Bete werden zwischen Mitte April und Anfang Juli rund 2 cm tief mit 5 cm Abstand gesät; Reihenabstand 25 cm. Dünnen Sie die Sämlinge dann auf 10 cm Abstand aus. Rote Bete gedeihen in Sonne wie Halbschatten. Achten Sie vor allem bei den Jungpflanzen auf Schnecken.

Die Sorte 'Tonda di Chioggia' präsentiert sich besonders appetitlich, mit im Anschnitt konzentrischen rosa und weißen Ringen. 'Bull's Blood' beeindruckt im Garten mit tief burgunderroten Blättern. Weitere gute Sorten sind die gelborange 'Burpees Golden', 'Pablo' und 'Rote Kugel 2'. Die Knollen werden geerntet, wenn sie etwa die Größe von Golfbällen erreicht haben, 12 bis 16 Wochen nach der Aussaat. Sie schmecken gegart, eingelegt in Essig oder auch roh, z. B. hauchdünn geschnitten, mit einem guten Salatdressing als „Rote-Bete-Carpaccio". Vergessen Sie nicht, einige junge Blätter für Salate zu pflücken – aber nicht zu viele, damit sich eine kräftige Knolle bilden kann.

Neuseeländer Spinat

Diese Pflanze ist nicht mit dem echten Spinat verwandt, aber ihre dreieckigen, grünen Blätter schmecken gedünstet recht ähnlich. Neuseeländer Spinat kommt, anders als sein Namensvetter, bestens mit sommerlicher Hitze zurecht und schießt nicht, wenn es heiß und trocken wird. Er wächst bis 60 cm hoch, teils aber auch kriechend und unterdrückt so als nützlicher Bodendecker das Unkraut. Sie können die kleinen Blättchen immer wieder ernten und wie Spinat zubereiten und verwenden. Da die Staude kaum Frost verträgt, stirbt sie meist im Winter ab.

Neuseeländer Spinat braucht Sonne und einen warmen Boden. Warten Sie deshalb mit der Aussaat bis zum späten Frühling oder ziehen Sie ihn schon etwas früher drinnen in Töpfen vor, um ihn dann auszupflanzen. Die Samen keimen besser, wenn sie über Nacht in Wasser eingeweicht werden. Säen Sie rund 1 cm tief, mit 10 cm Abstand, und dünnen Sie später auf 50 cm Abstand aus. Gießen Sie nach dem Säen regelmäßig; nachdem sie gut angewachsen sind, tolerieren die Pflanzen auch zeitweilige Trockenheit.

Topinambur

Noch ein Pflanzen-und-in-Ruhe-lassen-Gemüse: Nachdem Sie die knubbeligen Knollen im Frühjahr 10 cm tief und mit 30–50 cm Abstand gepflanzt haben, wird kaum noch Pflege nötig. Sehr wohlschmeckende Knollen liefern z.B. die bewährten Sorten 'Bianca' und 'Gute Gelbe'. Sie munden hervorragend in einer Gemüsesuppe, ebenso gedünstet oder kurz angebraten.

Der mehrjährig wachsende Topinambur bevorzugt Sonne, gedeiht aber auch im Halbschatten und schließt, ähnlich wie Kartoffeln, bisher unbearbeitete, feste Böden auf. Da die Pflanzen bis 3 m hoch werden, können sie auch als Windschutz dienen. Spätestens mit den gelben Blüten im Spätsommer fällt die Verwandtschaft mit den Sonnenblumen auf. Sie können die zahlreich gebildeten Knollen jederzeit zwischen Herbst und Frühjahr ernten. Wenn sich die Stängel im Herbst braun färben, werden sie bis zum Boden zurückgeschnitten. Falls Sie die Pflanzen nur einjährig ziehen möchten, müssen Sie sehr gründlich ernten, denn überbleibende Knollen treiben immer wieder aus.

„Rucola und Rote Bete – ideale Gemüse, wenn kein Wasseranschluss in der Nähe ist."

KRÄUTER

Viele Kräuter brauchen kaum Pflege – schauen Sie sich am Mittelmeer in der Macchie um: Dort gedeihen Thymian und Rosmarin zwischen Staub und Steinen. Andere Kräuter wie Basilikum, Minze und Petersilie lieben zwar feuchtere, nährstoffreichere Erde, sind sonst aber recht pflegeleicht. Da man immer nur ein paar Triebe für die Küche braucht, hat im Gemeinschaftsgarten jeder etwas davon. Zudem sind Kräuter sehr attraktiv, von den blühenden Polstern des Silberthymians am Weg bis zu Rosmarin, der von einem Hochbeet wallt. Und kaum etwas ist so entspannend, wie beim Gang durch den Garten die duftenden Blätter von Oregano, Minze oder Salbei zwischen den Fingern zu zerreiben – Aromatherapie pur und direkt.

Nach der Aussaat oder dem Setzen müssen alle Pflanzen gegossen werden, auch die Kräuter. Doch nachdem sie gut eingewachsen sind, reichen geringe Wassergaben; häufiger gießen müssen Sie nur in langen Trockenperioden sowie bei Topfhaltung.

5 anspruchslose Kräuter

Die meisten mediterranen Kräuter lieben trockene, wasserdurchlässige Böden. Lockern Sie daher schwere Böden großzügig mit feinem Kies auf. Gönnen Sie allen einen Platz in der vollen Sonne, am besten etwas geschützt vor starken Frösten.

Rosmarin
Ein ansprechender Strauch mit immergrünen, nadelartigen Blättern und ab Mai mit blauen Blüten, die unzählige Insekten anziehen, darunter die reizvollen Pelzbienen. Sie können die Blättchen und Triebspitzen das ganze Jahr über ernten; sie passen wunderbar zu Lamm und anderem Fleisch, aber auch zu Bratkartoffeln. Samenanzucht ist langwierig – kaufen Sie besser Jungpflanzen. Der klassische *Rosmarinus officinalis* wächst aufrecht und recht hoch; er sollte einen mindestens 30 cm breiten Topf erhalten. Es gibt aber auch kompaktere sowie hängende Sorten. Einige gelten als winterhart, z. B. 'Arp', 'Blue Winter' und 'Veitshöchheim'. Im Zweifelsfall überwintert der Rosmarin aber am sichersten in einem kühlen, hellen Raum. Halten Sie den Strauch durch regelmäßigen Rückschnitt nach der Blüte oder im späten Frühjahr in Form.

Thymian
Der aromatisch duftende Thymian braucht möglichst viel Sonne und sehr wasserdurchlässige Erde: Mischen Sie schweren Böden sowie Topferden reichlich feinen Kies oder Splitt unter. Sie haben die Wahl zwischen mehreren Arten und Sorten, vom normalen Gartenthymian (*Thymus vulgaris*) mit hübschen dunkelgrünen Blättern und malvenfarbenen Blüten über weißbunte Silberthymian-Sorten und Zitronenthymian (*T. x citriodorus*) bis zum besonders ergiebigen Breitblättrigen Thymian (*T. pulegioides*). Kaufen Sie Jungpflanzen, säen lohnt sich nicht. Thymian ist relativ frosthart und unter guten Bedingungen langlebig. Er sollte regelmäßig im Frühjahr zurückgeschnitten werden. Übrigens sieht Thymian auch sehr hübsch im Blumenkasten oder in

einem Hängekorb aus, wenn die Triebe über den Rand hängen.

Oregano
Als Flachwurzler fühlt sich Oregano auch in Hängekörben und Blumenkästen auf der Fensterbank wohl und kann dort mehrere Jahre überdauern. Im Beet bildet er mit der Zeit kleine Polster mit hübschen, weißen Blüten, die von Bienen umschwärmt werden. Die Blätter duften schon beim Zerreiben aromatisch und geben mediterranen Gerichten ihre besondere Note. Säen ist langwierig; kaufen Sie besser Jungpflanzen. Schneiden Sie Oregano regelmäßig nach der Blüte oder im Frühjahr zurück, damit er kompakt bleibt.

Salbei
Wie Rosmarin wächst auch der Salbei mit seinen wollig weichen Blättern zu einem üppigen (Halb-) Strauch heran. Denken Sie daran, wenn Sie die noch zierlichen Jungpflanzen setzen (säen lohnt sich wie bei vielen mehrjährigen Kräutern nicht). Wählen Sie bei Topfhaltung ein mindestens 30 cm breites Gefäß. Salbei ist recht winterfest. Der klassische Gartensalbei *Salvia officinalis* ist wüchsig und sieht hübsch aus; der Purpursalbei ('Purpurascens') wächst etwas langsamer, bringt aber Farbe ins Beet. Pflücken Sie immer nur einzelne Blätter; sie schmecken fein gehackt köstlich zu Pasta, ebenso zu Fleischgerichten.

Estragon
Optisch macht Estragon nicht viel her: Seine etwas schlaffen, mattgrünen Blätter entfalten erst in der Küche ihr volles Potenzial. Estragon veredelt jede sämige Sauce Béarnaise und passt hervorragend zu Hühnerfleisch. Kaufen Sie die Pflanzen im Frühling und wählen Sie Deutschen oder – besser noch – den feinen Französischen Estragon (Russischer Estragon fällt dagegen ab). Da Estragon etwas frostempfindlich ist, wächst er am besten in Töpfen, die ab dem Spätherbst ins Haus oder Gewächshaus umgesiedelt werden. Bei guter Pflege werden die Pflanzen mehrere Jahre alt.

Tipp Petersilie und Rosmarin können ganzjährig geerntet werden. Oregano, Salbei und Thymian legen eine Winterpause ein; ernten und trocknen Sie im Hochsommer einen Blattvorrat. Schnittlauch, Minze, Estragon und Basilikum lassen sich gut einfrieren, für Kräuterbutter mit etwas Butter und Zitronensaft.

5 Kräuter für feuchtere Böden

Diese Kräuter brauchen einen nährstoffreicheren, feuchteren Boden und vertragen meist auch etwas Schatten. Sie mögen allerdings keine Staunässe. Gießen Sie am besten vormittags, damit der Boden tagsüber abtrocknen kann. In gutem Boden brauchen sie kaum Dünger, doch bei Topfhaltung empfehlen sich wöchentliche Gaben von flüssigem Algendünger oder Wurmkompost-Brühe. Wählen Sie für Töpfe am besten eine spezielle Kräutererde aus dem Gartenfachhandel.

Basilikum

Auf Pizza, Knoblauch-Bruschetta und Tomatenscheiben oder zu Pesto zerstoßen ist Basilikum unschlagbar. Säen Sie ab April je fünf Samen in kleine Töpfe (8 cm Durchmesser) und lassen Sie nach dem Keimen nur die drei kräftigsten Sämlinge stehen. Setzen Sie die Pflänzchen im Frühsommer in einen großen Topf oder im Garten an einen sonnigen Platz. 'Genoveser' ist das klassische italienische Basilikum, es gibt aber auch gute rotblättrige Sorten. Das leicht anisartige Thai-Basilikum eignet sich prima für asiatische Nudelgerichte. Das afrikanische Strauchbasilikum wächst mehrjährig, wenn es drinnen überwintert wird. Knipsen Sie zur Ernte jeweils die Spitzen mit den Fingern ab, dann verzweigt sich die Pflanze besser.

Blattkoriander

Normaler Koriander dient vor allem der Samenernte; wählen Sie deshalb speziellen Blattkoriander (Cilantro). Gesät wird ab April mit 3 cm Abstand ins Beet oder in Töpfe – gleich an den gewünschten Platz, da sich Koriander ungern umpflanzen lässt. Säen Sie großzügig, denn die Pflanze treibt nach der Ernte nicht nach. Wenn Sie alle drei Wochen neu säen, können Sie kontinuierlich ernten. Blattkoriander eignet sich auch hervorragend für Keimpflänzchen (siehe S. 75).

Pfefferminze

Die Pfefferminze ist ein wunderbares Kraut, das noch im Halbschatten gut gedeiht – allerdings auch so ausbreitungsfreudig, dass sie bald ganze Beete überwuchert. Pflanzen Sie deshalb Minzen im Beet in einen versenkten Plastiktopf (30 cm Durchmesser), dessen Rand die Erdoberfläche überragt. Ernten Sie reichlich, dann treibt die Minze immer wieder nach. Die Blätter munden zu Frühkartoffeln, in Sommercocktails und natürlich in erfrischenden Kräutertees. Im Gartencenter werden meist Gartenminze (*Mentha x piperita*) und Grüne Minze (*M. spicata*) angeboten. Aber gönnen Sie sich den Spaß, mal das Angebot spezialisierter Kräutergärtnereien zu durchstöbern – von der Ananasminze bis zur Grapefruit- und Ingwerminze. Die Schwarze Minze liefert definitiv den besten Tee, Grüne und Marokkanische Minze die leckerste Pfefferminzsoße.

Kaufen Sie besser Jungpflanzen statt Samen. Sie können von Frühling bis Herbst gesetzt werden. Säen lohnt den Aufwand nicht. Wenn Sie die Stängel im Sommer auf die Hälfte zurückschneiden, treiben sie neu aus. Im Herbst werden die welken Stängel dann bis zum Boden zurückgeschnitten; im nächsten Frühjahr treibt die Minze neu aus. Sie möchten auch im Winter nicht auf frische Minze verzichten? Graben Sie im Herbst ein Wurzelstück aus und pflanzen es in einen Topf, den Sie drinnen aufstellen.

Schnittlauch

Lila Blütenbällchen und reicher Nachschub an mild nach Zwiebeln schmeckenden Blätter: Schnittlauch ist ein Muss. Mit gekauften Pflanzen geht's viel schneller als mit Samen. Und da sich gut entwickelte Exemplare leicht teilen lassen, können Sie mit nur einer Pflanze allmählich ganze Beete bestücken. Graben Sie dazu die Büschel im Frühling aus, ziehen Sie den Wurzelballen auseinander und pflanzen Sie jede Hälfte neu ein. Wenn Sie beim Ernten die Blätter etwa 2 cm über dem Boden abschneiden, treibt der Schnittlauch wieder neu aus.

Petersilie

Die Petersilie bildet eine lange Pfahlwurzel, braucht also tiefgründigen Boden oder einen hohen Topf, sonst entwickelt sie sich nur kümmerlich. Solange der Boden feucht bleibt, gedeiht sie in der Sonne wie im Halbschatten. Petersilie ist eine zweijährige Pflanze, das heißt, sie blüht im nächsten Frühling und stirbt dann ab. Säen Sie deshalb jährlich neu, damit es keine Lücken gibt. Die Samen keimen sehr langsam; säen Sie im Frühjahr flach in kleine Töpfe oder Topfplatten und setzen Sie die Pflänzchen später mit 30 cm Abstand. Ernten Sie ganz nach Bedarf – Petersilie treibt willig wieder aus. Die glattblättrigen Sorten schmecken aromatischer; dafür machen die krausblättrigen optisch mehr her, z. B. als reizvolle Wegeinfassung.

INSPIRATION: Leeres Grundstück in Shoreditch

In Shoreditch, einem Ortsteil im Osten Londons, stand am Pitfield Estate über viele Jahre ein gepflastertes Grundstück leer. Früher war es ein Spielplatz, der nach dem Abbau der Schaukeln und des Karussells verwaiste. Doch seit 2007 ist die Fläche zu neuem Leben erwacht: Mittlerweile gedeihen hier Kartoffeln, Bohnen, Tomaten, Salat und Ringelblumen. Sie wachsen und blühen in Schuttsäcken, die auf dem Asphalt stehen. Jeder aus der benachbarten Wohnanlage kümmert sich um einen Sack und pflanzt darin, worauf er Lust hat. Manche haben sich für üppige Blumen, z. B. Lobelien oder hohe Sonnenblumen, entschieden, andere mögen lieber Asia-Salate, Erdbeeren oder Kräuter. Wenn sie nicht gerade gießen, veranstalten die Anwohner Grillfeste oder sitzen in der Sonne. Der Schandfleck, das blanke Nichts in einer Häuserwüste, wurde zum Treffpunkt für alle und eine Quelle für frische Nahrungsmittel. Dieser improvisierte Garten ist nur eines von vielen Projekten in London, mit denen vernachlässigten Grundstücken durch Initiativen wie What IF: wieder neues Leben eingehaucht wurde.

Tipp Verschönern Sie bepflanzte Schuttsäcke. Pflanzen verdecken rasch das Plastikgewebe, vor allem, wenn Sie Hängetomaten, Kräuter, Kapuzinerkresse oder Erdbeeren an den Rand pflanzen und die Triebe überhängen lassen. Hinter Bambus-, Weiden- oder Strohmatten aus dem Gartencenter verschwinden sofort auch größere Säcke. Pflanzen Sie Stangenbohnen oder Sonnenblumen, um den Blick nach oben zu lenken. Kleinere Säcke (50 kg) eignen sich sehr gut für Kartoffeln (siehe „Wie geht's?“). Schlagen Sie zum Pflanzen den oberen Sackteil bis auf 30 cm Höhe zurück. Wenn die Kartoffeln wachsen, können Sie den Sackrand nach und nach hochziehen, um die Pflanzen mehrmals mit Komposterde anzuhäufeln.

Wie geht's
EINEN SCHUTTSACK BEPFLANZEN

Bauschuttsäcke eignen sich hervorragend als Pflanzcontainer. Sie bestehen aus kräftigem Kunststoffgewebe, sind sehr preiswert und gut zu transportieren – ideal für den Anbau auf betonierten Flächen oder eventuell mit Schadstoffen belasteten Böden. 50-kg-Säcke passen überall hin, bepflanzt z. B. mit Tomaten und Salaten. Riesige 1000-kg-Säcke bieten sich für größere Gemeinschaftsprojekte an; darin wächst sogar ein kleiner Obstbaum mitsamt ein paar Gemüsepflanzen um den Stamm. Sie müssen nicht komplett mit Unmengen an Erde und Kompost befüllt werden: Für den Anfang reichen oft 30–40 cm Füllhöhe; schlagen Sie den Sackrand entsprechend um. Später können Sie immer noch zusätzliche Erde auffüllen. Die Säcke sind recht haltbar und lassen sich bei guter Kompostversorgung über Jahre wie Beete nutzen.

Sie brauchen

einen 1000-kg-Schuttsack; der Rand wird auf 30 cm Höhe umgeschlagen

rund 3 Eimer Topfscherben, Styroporstücke, Kies oder Schotter (für eine 5 cm hohe Dränageschicht auf dem Sackboden)

200 Liter humusreiche Erde; im Idealfall mit 50 Liter gut verrottetem Stallmist oder Gartenkompost für einen guten Start

ganz nach Vorliebe: z. B. einen kleinen Apfel-, Birn- oder Pflaumenbaum (Zwergbäume), Erdbeeren, Tomaten, Buschbohnen, Salate und Kräuter

1 Stunde

Wann?

Frühjahr bis Herbst; je nachdem, welche Arten und Pflanzware Sie wählen

So wird's gemacht

Stellen Sie den Sack gleich an die gewünschte Stelle, bevor er mit der schweren Erde befüllt wird. Wenn Sie mehrere Säcke bepflanzen möchten, planen Sie ausreichend breite Durchgänge ein. Bedecken Sie den Boden mit dem Dränagematerial und füllen Sie dann die Pflanzerde auf. Pflanzen Sie den Obstbaum in die Mitte und die anderen Pflanzen um ihn herum. Erdbeeren gehören an den Rand, damit die Triebe frei herunterhängen können. Abflusslöcher sind nicht erforderlich, denn das Plastikgewebe ist wasserdurchlässig. Sollte die Erde dennoch vernässen, schneiden Sie einige Löcher unten in die Seiten der Säcke.

Städtische Siedlerpioniere

„Es geht um eine Form von Idealismus, die besser integriert und bodenständiger ist als die Eskapisten-Fantasien der 1970er Jahre.“ Kelly Coyne, *Urban Farmer*

Falls Sie das Glück haben, über einen Stadt- oder Schrebergarten zu verfügen, sitzen Sie auf einer potenziellen Schatztruhe voll frischer Nahrung. Sie können Hochbeete und Komposthaufen anlegen. Sie können Obstbäume, Weinreben und Kartoffeln pflanzen. Sie können genug anbauen, um über Winter Marmeladen, Gelees und Chutneys zu genießen. Vielleicht haben Sie sogar Platz für einige Hühner oder einen Bienenstock (siehe S. 145 und S. 158). Kurzum: eine kleine Farm mitten in der Stadt.

Damit wären Sie heute in guter Gesellschaft. Überall auf der Welt fühlen sich *Rurbanites* mit ihrem Fleckchen Land hinterm Haus neu verbunden. Wir wollen mehr vom Stadtgarten als ein Plätzchen für den Liegestuhl. Die Bewegung der „Stadtpioniere“ wächst, immer mehr *Urban Farmer* tauschen in Blogs ihr Wissen über Salate und Kompostbereitung aus. Noch führen die Ost- und Westküste der USA die Bewegung an, doch Städte wie London, Berlin und Amsterdam sind nah dran. Dieses Pioniertum in der Stadt ist natürlich nicht mit früher zu vergleichen, als hart arbeitende Siedler das Land bestellten und Vieh versorgten, um zu überleben. In den reichen Industrieländern muss heute niemand Legehennen halten oder Brokkoli anbauen, um den Magen zu füllen. Dennoch pflanzen immer mehr Städter Obst und Gemüse in ihren Gärten und entdecken die Freuden der (teilweisen) Selbstversorgung wieder.

Selbst wenn diese *Urban Farmer* ihre Gärten wie kleine Bauernhöfe bewirtschaften, haben sie kein Interesse daran, aufs Land zu ziehen. Novella Carpenter beschreibt in ihrem Buch *Farm City* ihren Stadt-Bauernhof im kalifornischen Oakland und wie sie nachts in den Abfalleimern nach Futter für ihre Hinterhof-Schweine sucht. „Vielleicht ziehe ich eines Tages aufs Land“, meint sie, „aber solange ich jung bin, genieße ich das Stadtleben, mit allem Drum und Dran wie Kinos, Museen, Restaurants, öffentlichen Verkehrsmitteln – ich bin glücklich hier.“

Städter, die mit den Händen in der Erde wühlen möchten, sind nichts Neues. In den 1970er Jahren verließen vor allem in den USA viele Idealisten die Städte, priesen das „Zurück aufs Land“ und gründeten Farmkommunen. Doch heute wollen die urbanen „Landfreaks“ bleiben, wo sie sind. Kelly Coyne lebt im Herzen von Los Angeles und obwohl ihr Garten kaum größer ist als ein Tennisplatz, sind sie und ihr Partner Erick fast Selbstversorger in Sachen Obst und Gemüse. „Wir wollen uns nicht aufs Land zurückziehen und wie Einsiedler im Sperrholzschuppen wohnen. Wir

glauben, dass das Stadtumfeld genau das Richtige ist, um mit Gleichgesinnten zusammenzuarbeiten. Die Bewegung ist geprägt von Menschen, die die Annehmlichkeiten des Stadtlebens genießen und zugleich möglichst selbstständig leben wollen", sagt sie. „Es geht um eine Form von Idealismus, die besser integriert und bodenständiger ist als die Eskapisten-Fantasien der 1970er Jahre. Und wir laufen weniger nackt herum."

Brooklyn in New York ist das ursprüngliche Zentrum der Bewegung. Hier gibt es spezielle Läden für Möchtegern-Hühnerhalter und Apartment-Gärtner, die Samen kaufen und Kurse über Wurmkompostierung besuchen möchten. In dieser Szene sind übrigens Bärte fast schon Pflicht. Christian Lander, der den satirischen Blog *Stuff White People Like* betreibt, erzählte der *New York Post*: „Als ich das letzte Mal in Brooklyn war, sahen die Kerle so aus, als würden sie gleich in den Bürgerkrieg aufbrechen." Marie Viljoen, die in Brooklyn wohnt, formuliert es so: „Ich sage öfter im Scherz: Wer keine eigene Kuh auf dem Dach hält, darf eigentlich hier nicht wohnen."

Jeder hat gute Gründe, eigenes Gemüse anzubauen. Manche wollen Geld sparen, andere lieben den Geschmack frisch geernteter Tomaten oder Erdbeeren. Einige geben damit auch ein politisches Statement ab: weg vom passiven Konsumenten-Dasein und hin zu aktiver Selbstbestimmtheit. Egal, ob Sie den ganzen Weg gehen wollen, mit Bienenstöcken und Hühnerstall im Garten, oder nur ein paar Gemüse kultivieren möchten – es macht einfach Spaß. Man genießt jeden Tag Frisches, fühlt sich der Natur und den Jahreszeiten näher und hat einen ruhigen Rückzugsort vom Stress der Stadt. Bärte sind dabei nicht zwingend.

SO WIRD IHR GARTEN ZUM STADT-BAUERNHOF

Wählen Sie den Standort für die Anbauflächen sorgfältig und berücksichtigen Sie dabei auch genügend Raum für den Kompostbereich und einen Sitzplatz. Denken Sie daran, dass die meisten Gemüse und Obstpflanzen reichlich Sonne brauchen und am besten etwas windgeschützt stehen. Vermeiden Sie möglichst die direkte Nähe von Bäumen und Hecken, unter denen es nicht nur schattig, sondern auch trocken ist.

Hochbeete oder ebenerdig?

In den letzten zehn Jahren wurden Hochbeete für den Gemüseanbau so oft empfohlen, dass Einsteiger denken konnten, es ginge nicht ohne. Sicher haben diese in vielen Gärten zu sehenden Holzrahmenbeete ihre Vorteile, besonders bei verdichteten, staunassen oder schadstoffbelasteten Böden. Aber sie sind kein Muss. Wer nicht gerade auf Beton, schwerem Tonboden, altem Industriegelände oder Bauschutt gärtnern möchte, kann genauso gut direkt in den Boden pflanzen – wie es schon seit Jahrhunderten praktiziert wird.

Den Gartenboden prüfen

Gemüse und Obst brauchen einen fruchtbaren Boden, da sie reichlich Nährstoffe entziehen. Böden in Stadtgärten, besonders Neubaugebieten, können erstaunlich mies sein. Manchmal bestehen sie hauptsächlich aus Bauschutt, der von einer dünnen Schicht fruchtbarer Erde überzogen wird. Mit dem nebenstehenden Projekt können Sie herausfinden, welchen Boden Sie haben.

Den Boden pflanzfertig machen

Graben Sie die Fläche mit der Grabegabel um, entfernen Sie Unkraut und Steine und zerkleinern Sie größere Erdbrocken mit der Hacke. Arbeiten Sie, wenn nötig, feinen Kies unter (siehe rechts). Bringen Sie dann eine mindestens 15 cm dicke Schicht Kompost oder gut verrotteten Stallmist aus und arbeiten Sie diese oberflächlich ein. Wenn Sie keinen eigenen Kompost haben, fragen Sie bei städtischen Recycling-Höfen nach; dort gibt es oft preiswerten Kompost.

Wie geht's
DIE BODENART BESTIMMEN

Sie brauchen
eine Handvoll Gartenboden

5 Minuten

So wird's gemacht
Nehmen Sie eine Handvoll Boden und versuchen Sie, daraus mit den Handflächen eine Kugel zu formen. Zerreiben Sie auch etwas Boden zwischen den Fingern und prüfen Sie, wie er sich anfühlt.

Wenn sich der Boden nicht zu einer Kugel rollen lässt und körnig anfühlt, haben Sie einen Sandboden. Lässt er sich zu einer stabilen Kugel rollen, liegt ein tonhaltiger oder schluffiger Boden vor. Ausgeprägter Tonboden lässt sich mit der Hand auch zu einer festen Wurst ausrollen. Aus Lehm- und Schluffboden können Sie zwar eine Kugel formen, sie zerbröselt aber leicht, wenn Sie etwas drücken.

Jeder Boden hat Vor- und Nachteile. Sandböden lassen sich leicht umgraben, sind wasserdurchlässig und erwärmen sich im Frühling rasch. Andererseits speichern sie wenig Wasser und Nährstoffe – sie brauchen deshalb viel Kompost. Schluffböden halten die Feuchtigkeit besser, profitieren aber ebenfalls von Kompost. Schwere Tonböden neigen zu Staunässe; nicht bearbeiten, wenn sie nass sind. Mit viel Kompost und Einarbeiten lockernder Materialien (feiner Kies oder Splitt, Perlite) können sie mit der Zeit sehr fruchtbar werden. Lehmboden ist die optimale Kombination der vorgenannten Bodenarten: Er ist gut durchlässig, speichert aber Nährstoffe und Wasser. Halten Sie ihn durch jährliche Kompostgaben in Form.

Tipp Wenn Sie eine Pflanze ernten, mulchen Sie die Stelle gleich mit Kompost. Nutzpflanzen entziehen viele Nährstoffe, der Kompost füllt die Vorräte wieder auf.

KOMPOST, MIST ODER WURMKOMPOST?

Mancher hat das Glück, aus einem Reitstall oder Stadt-Bauernhof Stallmist zu beziehen. Mist sollte allerdings gut verrottet sein (idealerweise drei Jahre alt), sonst kann er Pflanzenwurzeln schädigen.

Für die meisten Gärtner aber ist selbst gemachter Kompost der beste Weg zu fruchtbarem Boden und gesundem Obst und Gemüse. Als Mulchschicht auf den Beeten verbessert er die Bodenstruktur und unterdrückt Unkräuter. Außerdem bewahrt er die Bodenfeuchtigkeit und versorgt die Pflanzen mit Nährstoffen – für eine reichere und bessere Ernte. Aus Küchen- und Gartenabfällen eigenen Kompost herzustellen ist viel sinnvoller, als Reste in die Mülltonne zu werfen. Und wenn er richtig angelegt wird, stinkt Kompost auch nicht.

Wohin mit der Kompostbox?

So faszinierend der Rotteprozess auch sein mag – Kompostboxen und -haufen sind kein wirklich schöner Anblick. Und obwohl guter Kompost nicht stinkt, passt er nicht unbedingt neben den Garten-Esstisch. Ideal ist ein Standort, der nicht gleich ins Auge fällt und rundum genügend Platz bietet, um Abfälle zu sammeln, das Material umzuschichten und fertigen Kompost zu lagern. Wählen Sie einen schattigen, etwas abgelegenen Platz; so bleiben die Sonnenplätze den Beeten und dem Liegestuhl vorbehalten.

Was kann kompostiert werden?

Das Geheimnis eines guten Komposts ist die Kombination von grünen Abfällen (weiche Pflanzenteile, Küchenreste) mit braunen Abfällen (Zweige, welke Stängel und Pappe). Etwas mehr „Braunes" als „Grünes" ist oft günstig – und bei der heutigen Flut an Pappverpackungen kein Problem. Rohe Obst- und Gemüsereste, Teebeutel und Kaffeesatz eignen sich gut zum Kompostieren, Milchprodukte, Fleisch- oder Fischabfälle dagegen gar nicht. Geben Sie Rasenschnitt nur in kleinen Mengen dazu, sonst verwandelt sich der Haufen in grünen Matsch. Verholzte Pflanzenteile sollten klein zerteilt werden. Lassen Sie ausdauernde Unkräuter mindestens zwei Wochen in einem wassergefüllten, abgedeckten Eimer verjauchen, bevor sie auf den Haufen kommen, sonst machen sie sich im Kompost breit.

Wenden Sie den aufgesetzten Kompost alle paar Monate mit der Grabegabel um; feuchten Sie trockenes Rottematerial etwas an und geben Sie „Braunes" dazu, falls es zu matschig ist. Wenn der Kompost nach Walderde riecht und die Konsistenz von feuchtem Schokoladenkuchen hat (gewöhnlich nach rund sechs Monaten, über Winter länger), kann er im Garten verteilt werden. Eine 10 cm dicke Schicht im Herbst ist ideal. Lassen Sie ihn auf den Beeten liegen; die Regenwürmer verteilen ihn dann im Boden.

Wie geht's?

EINE PRAKTISCHE KOMPOSTBOX

Kompostbehälter aus Plastik sind nicht gerade ansprechend und billige Holzlattengestelle verziehen sich schnell oder verrotten früh. Stabiler sind natürlich wirkende Boxen aus alten Holzpaletten. Mit etwas Glück bekommen Sie ausgemusterte Holzpaletten preiswert oder sogar kostenlos, wenn Sie bei Läden, Fabriken, Transportbetrieben oder an Baustellen nachfragen.

Sie brauchen

4 ungefähr gleich große Holzpaletten

8 Kabelbinder aus Plastik (die längsten, die Sie bekommen)

45 Minuten

Wann?

Zu jeder Jahreszeit

So wird's gemacht

Stellen Sie die Paletten so auf, dass sie einen viereckigen Kasten bilden, und verbinden Sie sie an den Ecken fest mit den Kabelbindern.

Wenn Sie die Box später erweitern möchten (selbst der kleinste Garten füllt die Behälter bald mit Grünabfall), befestigen Sie an einer der Boxenwände einfach drei weitere Paletten.

Zum Leeren oder Wenden des Komposts schneiden Sie die Kabelbinder an der Vorderseite durch; so lässt sich die Frontpalette leicht abnehmen – oder fällt von selbst um. Danach wird sie mit neuen Kabelbindern wieder befestigt.

LINKS: Kompostbehälter aus alten Bienenstockkisten fügen sich attraktiv in den Garten ein und zeigen, dass der Kompostplatz kein Schandfleck sein muss.

OBEN: Zapfen Sie die braune Brühe aus dem Wurmkomposter ab; verdünnt ergibt sie einen guten Pflanzendünger.

RECHTS: Mischen Sie ein paar Handvoll Wurmkompost in verbrauchte Topferde – er wirkt wie ein Jungbrunnen.

Werden Sie Wurmzüchter

Ein Komposthaufen muss Kontakt zum Boden haben, was auf dem Balkon, im Terrassen- oder Dachgarten nicht möglich ist. In solchen Fällen ist ein Wurmkomposter ideal. Er braucht recht wenig Platz und ist ein geniales Recycling-System für Küchenabfälle: Sie werden von Kompostwürmern schnell in sehr fruchtbare Erde verwandelt. Mischen Sie ein paar Handvoll Wurmkompost in verbrauchte Topferde und das Wachstum verbessert sich schlagartig; oder arbeiten Sie Wurmkompost gründlich in den Gartenboden ein (nicht liegen lassen, da er an der Oberfläche steinhart wird). Ein Wurmkomposter bringt rund dreimal im Jahr reifen Kompost hervor. Die braune Brühe, die man unten abzapfen kann, eignet sich – 1:10 mit Wasser verdünnt – hervorragend als Dünger.

Was fressen die Würmer?

Ein bekömmliches Nahrungsangebot für die Kompostwürmer besteht je zur Hälfte aus Küchenabfällen (oder weichen Gartenabfällen) und aus Pappe oder Papier. Dabei gilt „mäßig, aber regelmäßig“: Zu viele Abfälle auf einmal überfordern die Würmer – die Reste verfaulen und stinken. Manche Menschen füttern ihre Würmer auch mit gekochtem Gemüse, Nudeln, Brot, Käse und Pizza. In Maßen werden die Würmer damit fertig, aber man verschätzt sich leicht mit der Menge. Geben Sie ihnen besser vor allem rohe Gemüse- und Obstreste.

Wann wird der Kompost „geerntet“?

Wurmkomposter bestehen meist aus aufeinander gestapelten Plastikschalen mit perforierten Böden, durch die die Würmer von Schale zu Schale wechseln können. Die Abfälle werden von oben nach unten eingefüllt. Sind alle Schalen voll, wird die unterste entnommen und der Kompost ausgeleert; danach kommt sie wieder ganz nach oben. Wenn der Kompost nach rund vier Monaten fertig ist, präsentiert er sich braun, feucht und locker, ohne unangenehmen Geruch.

Wenn Sie fertigen Kompost mitsamt den noch darin lebenden Würmern im Garten ausbringen, werden sie dort nützlich. So verliert der Wurmkomposter aber auf Dauer viele seiner fleißigen Bewohner. Deshalb ist es besser, die Würmer auszusortieren. Per Hand wird das allerdings mühsam. Am einfachsten stellen Sie die noch kompostgefüllte Schale nach oben und lassen sie ohne Deckel eine halbe Stunde stehen. Die Würmer mögen kein Licht und kriechen durch die Löcher nach unten. Schaben Sie dann mit einer Handschaufel vorsichtig die oberste Kompostschicht ab und warten Sie eine weitere halbe Stunde. Wiederholen Sie diese Prozedur, bis die Schale leer ist.

Was soll ich anbauen?

In Stadtgärten muss der meist begrenzte Platz optimal genutzt werden – am besten mit Pflanzen, die ergiebige Ernten liefern. Einige der hier empfohlenen Arten bringen über mehrere Monate immer wieder Früchte hervor, andere schmecken frisch so köstlich, dass ihr Anbau ein Muss ist. Außerdem gedeihen alle recht gut in der Enge des städtischen Dschungels.

5 Früchte für die perfekte Reife

Wenn Sie diese Pflanzen selbst anbauen, können Sie die Früchte genau zum optimalen Zeitpunkt ernten: gut ausgereift, voll aromatisch und saftig. Schluss mit golfballharten Pfirsichen oder säuerlichen Erdbeeren aus dem Supermarkt, die für bessere Lagerfähigkeit „halbreif" gepflückt wurden – so etwas wird Ihnen für immer verleidet, nachdem Sie Ihre ersten eigenen Früchte genascht haben.

Himbeeren
Mit ihren stacheligen Ruten und schlichten Blüten sind Himbeeren zwar keine Zierden, dafür aber großzügige Fruchtlieferanten: Jeder Trieb liefert Körbchen voll samtiger Beeren, die im Laden sehr teuer sind. Bienen lieben die Blüten und aus den Früchten lässt sich köstliche Marmelade kochen. Vollreife Himbeeren sind sehr weich und halten sich nicht lange – in Geschäften werden daher oft feste, unreife, saure Früchte angeboten, manchmal auch bereits matschige Beeren. Deshalb: selbst anbauen und optimal genießen.

Den geringsten Aufwand erfordern die zwischen August und Oktober reifenden Herbsthimbeeren wie 'Autumn Bliss' und 'Pokusa': Sie wachsen ohne Stütze und werden im Februar bis zum Boden zurückgeschnitten. Im Hochsommer reifende Sommerhimbeeren wie 'Meeker' und 'Glen Ample' brauchen horizontale Stützdrähte, die zwischen Pfosten oder an Mauern und Zäunen gespannt werden. Bei ihnen werden die alten, abgetragenen Ruten gleich nach der Ernte bis zum Boden zurückgeschnitten. Die diesjährigen Jungruten bleiben stehen und werden an die Drähte gebunden; sie fruchten im nächsten Sommer.

Sie können im Herbst oder Winter wurzelnackte Pflanzen kaufen und setzen oder ab Frühjahr Containerpflanzen. Setzen Sie sie in gut durchlässigen Boden mit etwa 40 cm Abstand und so tief, wie sie vorher in der Baumschule standen (an den Trieben meist noch gut zu erkennen). Kürzen Sie die Triebe nach dem Pflanzen auf etwa 30 cm Länge ein.

Himbeeren mögen keine Staunässe, brauchen aber feuchten Boden. Arbeiten Sie vor dem Pflanzen reichlich organisches Material ein, gießen Sie durchdringend und mulchen Sie den Boden jedes Frühjahr, damit die flachen Wurzeln nicht austrocknen. Im Topf fühlen sich Himbeeren nicht besonders wohl, im Gartenboden gedeihen sie besser. Spannen Sie für die Sommerhimbeeren parallele Drähte schon vor dem Einpflanzen. Die Pfosten müssen stabil genug sein, um die fruchtbehangenen Ruten zu tragen. Gefiederte Mitesser lassen sich mit Vogelnetzen abhalten.

Erdbeeren
Langlebig, ertragreich, pflegeleicht, attraktiv, in Hängekörben ebenso gut zu kultivieren wie in Beetreihen – Erdbeeren geben geradezu perfekte Stadtgärtner-Pflanzen ab. Die Früchte aus dem Supermarkt sind oft kaum mehr als wässrige, fade Kugeln, teils auch säuerlich, vor allem, wenn sie außerhalb der Saison angeboten werden. Wenn Sie dagegen vollreife Früchte aus eigenem Anbau pflücken, riechen und schmecken sie wirklich nach Erdbeeren und müssen nicht erst mit Zucker genießbar gemacht werden.

Als Flachwurzler gedeihen Erdbeerpflanzen willig in Pflanzsäcken und Hängekörben. Im Gartenboden tragen sie mehrere Jahre lang üppig. Wenn die Ernte nachlässt, werden neue Pflanzen gesetzt. Dafür können Sie auch den Nachwuchs der Altpflanzen nutzen: Drücken Sie die Ausläufer mit einer Klammer am Boden fest, bis sich die Tochterpflanzen bewurzelt haben.

Erdbeeren schmecken besonders süß, wenn sie in der Sonne reifen, vertragen aber auch Halbschatten. Getopfte Pflanzen können Sie im Frühling und Sommer setzen; sie liefern aber im ersten Jahr nur eine magere Ernte. Wurzelnackte Erdbeergrünpflanzen, die man zwischen Mitte Juli und Anfang September setzt, tragen im nächsten Sommer meist schon ordentlich.

Gerade für kleine Gärten sind mehrmals tragende Erdbeeren wie die süße, aromatische 'Mara de Bois' eine gute Wahl. Sie liefern eine Ernte im Frühsommer und eine zweite im Frühherbst. Wenn Sie Sorten mit unterschiedlichen Reifezeiten zusammenstellen, können Sie den Erdbeersegen ausdehnen. Mit den einmal (und üppig) tragenden Sorten 'Gariguette', 'Korona' und 'Florence' z. B. gibt es von Früh- bis Spätsommer ununterbrochen köstliche Früchte zu ernten.

Bereiten Sie die Pflanzfläche gut vor, am besten mit reichlich Kompost oder gut verrottetem Stallmist. Graben Sie in Abständen von rund 30 cm genügend große Pflanzlöcher, in denen die Wurzeln bequem Platz finden. Setzen Sie die Pflanzen nicht zu tief: Die Herzblätter in der Mitte müssen über der Erdoberfläche bleiben. Gießen Sie ausreichend und geben Sie alle 14 Tage einen Dünger mit hohem Kalianteil (Algenkonzentrat oder Tomatendünger). Wenn die Früchte unwiderstehlich verlockend aussehen, ist die Zeit zum Ernten gekommen. Nach einer bewährten Faustregel pflückt man am besten einen Tag, nachdem sich die Früchte rundum rot gefärbt haben.

Knipsen Sie am Ende der Vegetationszeit alle braunen Blätter bis auf 10 cm über der Sprossbasis ab; allerdings nicht bei den mehrmals tragenden Sorten, die können bleiben, wie sie sind. Mulchen Sie im zeitigen Frühling mit Kompost.

Da Schnecken zu einer echten Plage werden können, führt oft kein Weg an Bio-Schneckenkorn vorbei. Auf eine Schnecke zu beißen, die sich in einer Erdbeere eingerollt hat, verdirbt empfindlich den Appetit.

• **Tipps für Erdbeeren in Töpfen siehe S. 73**

„Eine frisch geerntete Tomate, saftig, aromatisch und noch warm von der Sonne, ist ein wunderbares Geschmackserlebnis."

Tomaten

Eine frisch geerntete Tomate, saftig, aromatisch und noch warm von der Sonne, ist ein wunderbares Geschmackserlebnis. Probieren Sie es mit der süßen 'Sungold', der altbewährten 'Gardener's Delight', der kleinfrüchtigen 'Red Pear' oder der knackigen, dunklen 'Black Krim'. In warmen Sommern reifen auch üppige Fleischtomaten wie 'Costoluto Fiorentino' und 'Brandywine' gut – perfekt für selbst gemachte Tomatensoßen.

Säen Sie Tomaten im Frühjahr in kleine Töpfe und decken Sie die Samen nur leicht mit Erde ab. Setzen Sie die Pflanzen ab Mitte Mai draußen an einen sonnigen, etwas geschützten Platz mit gründlich gelockertem Boden, der kräftig mit Kompost oder verrottetem Stallmist angereichert wurde. Geben Sie alle zwei Wochen einen kalireichen Dünger und halten Sie den Boden gut feucht. Hochwüchsige Stabtomaten müssen entgeizt werden: Brechen Sie die Seitentriebe, die aus den Achseln der Blattstiele wachsen, regelmäßig aus, damit alle Energie den Früchten zugutekommt.

Tomaten werden kaum von Schnecken geplagt, sind aber anfällig für Kraut- und Braunfäule. Diese Pilzkrankheit führt zu braunen Blättern und ungenießbaren Früchten. Pflücken Sie bei einem Befall gleich die Früchte, auch wenn sie noch unreif sind – besser ein Chutney aus grünen Tomaten als gar keine Ernte.

• **Tipps für Tomaten in Töpfen siehe S. 73; zur Samenernte bei Tomaten siehe S. 66**

Pflaumen

Ein Pflaumenbaum voller Früchte gehört zu den verlockendsten Sommer-Aussichten. Gute Pflaumen gibt es selten zu kaufen, da sie bei Vollreife leicht matschig werden – auch von daher ein ideales Gartenobst. Die meisten Bäume tragen so üppig, dass reichlich Früchte für leckere Marmeladen übrig bleiben. Bei wenig Platz können Sie kompakte Busch- oder Zwergbaumformen wählen. Pflanzen Sie das Bäumchen direkt in den Boden oder in einen mindestens 45 cm breiten Topf. Pflaumen lieben Sonne, tragen aber auch im Halbschatten gut. Das Auslichten überalterter Zweigpartien im Frühling oder Sommer hält die Krone luftig und kann Pilzkrankheiten wie Bleiglanz und Monilia vorbeugen. Im Boden wurzelnde Bäume brauchen nur Kompost, im Topf lohnt sich nach dem Fruchtansatz eine 14-tägige Düngergabe mit hohem Phosphatanteil, etwa mit flüssigem Algenkonzentrat. Bewährte Sorten sind z. B. 'Königin Viktoria' und 'The Czar' sowie die Zwetschgen 'Hanita' und 'JoJo'.

• **Tipps für Pflaumen in Töpfen siehe S. 73**

Pfirsiche und Aprikosen

Die meisten Pfirsiche und Aprikosen aus dem Supermarkt schmecken wie Baumwolle in Lederhaut – aus eigener Ernte sind sie wahre Köstlichkeiten. Beide Obstarten sind etwas frostempfindlich und brauchen einen geschützten Platz; am besten als Fächerspalier vor einer Südwand. Als robust gelten die Pfirsichsorten 'Kernechter vom Vorgebirge' und 'Peregrine' sowie die Aprikosen 'Heidesheimer Frühe' und 'Tomcot'. Zwergsorten geben sich auch mit einem Topf (mindestens 45 cm Durchmesser) zufrieden. Spalierbäume tragen nur optimal, wenn sie richtig beschnitten werden. Kaufen Sie am besten in einer guten Baumschule ein, in der Sie auch Schnitthinweise erhalten.

• **Siehe auch Heidelbeeren und Feigen S. 73**

5 Gemüse fürs schnelle Genießen

Diese Arten überzeugen noch mehr als andere frische Gemüse, wenn sie gleich nach der Ernte zubereitet oder auch roh gegessen werden – noch bevor sich ihr natürlicher Zucker in Stärke umwandeln kann. Sie werden den Unterschied garantiert schmecken.

Zuckermais

Maispflanzen werden bis 2 m hoch und brauchen entsprechend viel Raum. Sie bringen jeweils nur ein paar Kolben hervor, doch wenn Sie den Platz dafür finden, werden Sie es nicht bereuen. Zum Kauf angebotene Maiskolben haben oft schon ihre beste Zeit hinter sich, die Körner sind stärkereich und schleimig. Frischer Zuckermais dagegen ist zart und süß – ganz Schlaue stellen das Kochwasser schon an, bevor sie die Kolben aus dem Garten holen. Gute Sorten, auch für kühleres Klima, sind z. B. 'Tasty Sweet' und 'Golden Bantam'.

Manchmal werden Jungpflanzen angeboten, doch das Vorziehen auf der Fensterbank oder im Gewächshaus ist recht einfach: Säen Sie ab April jeweils zwei Samen in einen 8-cm-Topf (bis knapp unter die Erdoberfläche drücken). Ab Mitte Mai kommen die Pflänzchen an einen sonnigen Platz im Garten; arbeiten Sie zuvor kräftig Kompost oder gut verrotteten Mist in den Boden ein. Setzen Sie die Pflanzen mit 45 cm Abstand und stets in Gruppen, um eine gute Bestäubung zu sichern. Wenn der Wind reichlich Pollen aus den männlichen Blüten (oben) auf die weiblichen Blüten (unten) weht, können Sie mit einer guten Ernte rechnen.

Achten Sie bei den Jungpflanzen auf Schnecken. Eventuell müssen die Stängel gestützt werden. Auch Mulch oder an der Basis angehäufelte Erde verbessern die Standfestigkeit. Gießen Sie gründlich, vor allem ab Blühbeginn, und versorgen Sie die Pflanzen alle 14 Tage mit flüssigem Algendünger oder Wurmkompost-Brühe. Wenn die Staubfäden im Spätsommer verbräunen, wird es Zeit, die Erntereife zu prüfen. Drücken Sie den Fingernagel in einige Körner: Ist der herausquellende Saft wässrig, brauchen Sie noch etwas Geduld, ist er cremig, haben Sie zu lange gewartet; quillt milchig weißer Saft hervor, haben Sie den optimalen Zeitpunkt erwischt.

Tipp Wenn der Platz im Garten knapp ist, unterpflanzen Sie den Zuckermais mit Salat oder Buschbohnen.

Möhren
Wählen Sie bevorzugt Frühsorten wie 'Amsterdamer' und 'Sugarsnax'; sie schmecken gleich nach der Ernte besonders süß. Schon nach rund zehn Wochen können Sie die ersten fingergroßen Möhren ernten und kurz gedünstet oder roh genießen. Wenn Sie alle drei Wochen nachsäen, gibt es ständig Nachschub.

Gesät wird ab dem zeitigen Frühjahr direkt in ein sonniges Beet, in Reihen oder Gruppen. Dünnen Sie die Sämlinge auf rund 5 cm Abstand aus. Lockern Sie zuvor den Boden gründlich und entfernen Sie Steine, damit sich die Möhren nicht vergabeln. Möhren vertragen keinen frischen Kompost oder Stallmist.

Halten Sie den Boden gleichmäßig feucht. Achten Sie auf Schnecken, die über Nacht ganze Sämlingsreihen vernichten können; Bio-Schneckenkorn kann helfen. Eine weitere Bedrohung ist die Möhrenfliege, deren Larven Gänge in die Rüben fressen. Oberirdische Anzeichen sind rötliche Blätter, die bei heißem Wetter welken. Vorbeugend können Sie die Saaten mit einem Kulturschutznetz abdecken. Oder Sie säen Möhren in ein mindestens 60 cm hohes Hochbeet – Möhrenfliegen erreichen solche Höhen nicht.

Zuckererbsen
Die süßen Zuckererbsen eignen sich besser für kleine Gärten als die Sorten mit großen Hülsen, da sie frühere und reichere Ernten liefern. 'Norli', die purpurne 'Shiraz' und so genannte Knackerbsen mit zarten, fleischigen Schalen, z. B. 'Sugar Bon' und 'Zuccola', garantieren knackige Süße – ob gedünstet oder roh. Säen Sie die Erbsen ab Ende März direkt ins Beet, mit 30–40 cm Reihenabstand, 5 cm Abstand in der Reihe und 5 cm tief. Bewährt haben sich auch Horstsaaten mit fünf nah beieinander ausgelegten Körnern pro Saatstelle. Damit sich die rankenden Erbsen festhalten können, benötigen sie Kletterhilfen wie in den Boden gesteckte Zweige oder einfache Maschendrahtgerüste. Erbsen fühlen sich in Sonne und Halbschatten wohl und brauchen keinen besonders nährstoffreichen Boden. Vor allem nach der Blüte empfiehlt sich regelmäßiges Gießen, damit die Hülsen knackig werden. Man erntet sie am besten, wenn sie fingerlang sind.

Spargel
Spargel ist sicher kein Gemüse für kleine Gärten. Aber falls Sie wenigstens 10 m^2 dafür reservieren können, winkt im Spätfrühling ein wahrer Gourmet-Genuss. Frisch geerntete Stangen sind so süß und knackig, dass man sie roh essen kann (obwohl sie – seien wir ehrlich – gekocht und mit Mayonnaise oder Buttersoße noch besser schmecken).

Gute Sorten sind 'Gijnlim' und 'Ravel'. Die hauptsächlich aus Wurzeln bestehenden Jungpflanzen werden im Frühjahr in den sorgfältig von Unkräutern befreiten Boden gepflanzt. Heben Sie einen 30 cm breiten und 20 cm tiefen Graben aus und arbeiten Sie Kompost oder gut verrotteten Mist ein. Häufeln Sie mit dem ausgehobenen Boden in der Grabenmitte einen 10 cm hohen Erdwall auf, um die Pflanzen darauf zu setzen, mit 40–50 cm Abstand und den Wurzeln nach den Seiten ausgebreitet. Vermischen Sie den restlichen Aushub mit Kompost und füllen Sie den Graben damit wieder auf. Am Anfang muss Spargel gut bewässert werden, danach verträgt er recht viel Trockenheit. Von Frühjahr bis Sommer aufgelegte Kulturschutznetze halten die Spargelfliege fern. Falls Spargelkäfer oder Spargelhähnchen auftreten, sollten sie regelmäßig abgesammelt werden.

Erst ab dem dritten Jahr gibt es eine kleine Ernte. Danach aber können Sie jährlich reichlich Spargel ernten – und das Warten lohnt sich. Ehrlich.

Puffbohnen
Die kleinen, süßen, daumennagelgroßen Körner der Puff- oder Dicken Bohne, die man aus ihren Hülsen befreit, schmecken köstlich – z. B. kurz gekocht in einem Salat mit frühen Kartoffeln, Roter Bete, Schafskäse und Minze. Als Zugabe gibt's die zarten Triebspitzen: Gedünstet schmecken sie wie Spinat, am besten mit viel Butter und schwarzem Pfeffer serviert. Wer früh sät und erntet, erspart sich Ärger mit schwarzen Blattläusen, die sich oft an den wachsenden Spitzen einstellen. Besonders gut gelingt das mit der Sorte 'Aquadulce Claudia', die Sie bereits im Herbst säen können. Ansonsten wird im zeitigen Frühling direkt ins Beet gesät, 5 cm tief und mit 25 cm Abstand. Gute Sorten sind z. B. 'Perla' und 'Piccola'. Bei Reihensaat können Sie Puffbohnen, wenn nötig, mit quer gespannten Schnüren an Bambusstäben stützen.

5 Gemüse für die Dauerernte

Bei manchen Gemüsen fällt die Ernte wie ein prachtvolles Hurra aus... das war's dann aber auch. Andere bleiben unauffällig im Hintergrund, liefern jedoch über viele Wochen oder gar Monate leckere Blätter, Früchte oder Triebe. Für *Urban Farmer* haben solche „nachhaltigen" Gemüse unschätzbaren Wert.

Salate

Blattsalate treiben regelmäßig neue Blätter, die frisch geerntet unvergleichlich knackig schmecken. Kopfbildende Salate wachsen zwar nach der Ernte nicht nach, lassen sich aber über lange Zeit nachsäen. **Kopf- und Pflücksalate** können Sie vom zeitigen Frühjahr –

angefangen mit Töpfen im Haus – bis zum Frühherbst säen. Der spät gesäte 'Winter Butterkopf' lässt sich mit Frostschutzabdeckung sogar überwintern und begrüßt Sie im Frühjahr mit frischen Blättern.

Säen Sie Salate alle zwei bis drei Wochen nach, dann reißt selbst im kleinen Garten die Ernte nicht ab. Die meisten Salate mögen feuchte Böden, brauchen kaum Dünger und wachsen gut auf Böden, die im Vorjahr mit Kompost angereichert wurden. Wenn Salate „schießen", also vorzeitig Blüten bilden, werden die Blätter ungenießbar. Das geschieht aber selten, wenn Sie passende Sorten für die jeweilige Jahreszeit wählen; achten Sie auf die Angaben auf den Samentüten. Auch das Feuchthalten des Bodens und ein halbschattiger Platz im Hochsommer beugen dem Schießen vor.

Wenn Sie **Pflück-** und **Schnittsalate** dicht säen, können Sie bald zarte „Babyleaf"-Blätter ernten. Die Pflanzen treiben dann noch ein- bis zweimal neue Blättchen. Mehr haben Sie aber von Pflücksalat, den Sie auf 30 cm Abstand ausdünnen und zunächst wachsen lassen: Sie können dann jeweils die äußeren Blätter pflücken, innen wachsen mindestens einen Monat lang immer wieder neue nach. Gerade bei **Kopfsalat** und seinen Verwandten **Eis-** und **Pflücksalat** ist die Auswahl riesig, inklusive rot- und krausblättrigen Sorten; dazu kommen herzhafte Spezialitäten wie **Batavia-** und **Romanasalat**, der auch köstliche „Salatherzen" liefert.

Mit Kopfsalat und seinen Varianten ist das Salat-Reservoir aber noch lange nicht erschöpft. Auch **Erbsen** können knackige Sprosse für Salate liefern. Legen Sie dafür die Samen in 2 cm Tiefe so dicht, dass sie sich beinahe berühren, und knipsen Sie die obersten Zentimeter ab, wenn die Sprosse 10 cm hoch sind. Der würzige, erfrischende **Sauerampfer** peppt mit seinen jungen Blättern jeden Salat auf. Er wird im Halbschatten in Reihen gesät und auf 10 cm Abstand vereinzelt. Die purpurroten Blätter der **Roten Bete** 'Bull's Blood' bringen kräftige Farben in die Schüssel. Gesät mit 5 cm Abstand, treiben sie mehrmals nach, wenn Sie junge Blättchen pflücken. Im selben Abstand gesäter **Spinat** und **Mangold** liefern zarte, süße „Babyblätter".

Wo Beete im Sommer frei werden, sind Zichoriensalate eine gute Wahl, wenn man den etwas bitteren Geschmack mag: **Endivie, Radicchio** und **Zuckerhut** werden im Juni oder Juli mit 30–40 cm Abstand gesät und bieten bis weit in den Herbst hinein knackige Blätter.

Wenn Sie ab Spätsommer ein oder zwei Reihen **Feldsalat** säen und die Sämlinge auf 5 cm Abstand ausdünnen, ist – bei Frostschutzabdeckung mit Vlies – sogar über Winter für Salat gesorgt. Kommen dazu der bereits erwähnte „Babyleaf"-Spinat und der knackige, gesunde **Winterportulak**, gibt es selbst in der kalten Jahreszeit frische, köstliche Mischsalate.

Asia-Salate

Asia-Salate mit schönen Namen wie Mizuna, Misome und Komatsuna erweitern die Salat-Vielfalt, lassen sich aber auch dünsten – besonders lecker in Wok-Gerichten. Es handelt sich überwiegend um Kohlverwandte, deren junge Blätter kresseartig mild schmecken, bei manchen Sorten aber auch schärfer. Sie können sie zwischen März und Anfang August direkt ins Beet säen, in Reihen mit 20–25 cm Abstand. Für junge Salatblättchen müssen Sie kaum ausdünnen, für die Nutzung als Gemüse ist ein Vereinzeln auf rund 15 cm besser. Die Pflanzen gedeihen in Sonne und Halbschatten und brauchen vor allem im Sommer gleichmäßige Feuchtigkeit. Sie treiben mehrmals wieder aus, wenn Sie beim Ernten nicht zu tief schneiden.

Stangen- und Buschbohnen

Stangenbohnen brauchen ein Rankgerüst oder ein Stangenzelt, an dem sie hochklettern können. Stangen- wie Buschbohnen mit rosa oder lila Blüten setzen attraktive Blickpunkte im Beet. Sie bringen von Hochsommer bis Herbst saftige Hülsen hervor. Säen Sie sie ab Mitte Mai an einen sonnigen oder halbschattigen Platz, im Idealfall in einen Boden, der im Vorjahr mit Kompost oder gut verrottetem Mist versorgt wurde. Die Samen kommen in knapp 5 cm tiefe Rillen, mit 10 cm Abstand in der Reihe oder in kleinen Grüppchen mit je sechs Körnern.

Ernten Sie Stangenbohnen, bevor sie kräftige „Fäden" bilden (über 12 cm lange Hülsen sind selten gut). Nach dem Entfernen von Fäden, fein zerteilt und kurz gekocht, sind sie geradezu der Inbegriff von Sommergemüse. Bewährt haben sich z. B. 'Cobra', 'Eva' und 'Tamara'. Junge, zarte Buschbohnen (Filetbohnen) bereitet man unterzerteilt zu; hier empfehlen sich z. B. 'Caruso', 'Delinel' und die blauviolette 'Purple King'.

Artischocken

Mit einer Höhe von 1,50 m und 1 m Breite beanspruchen Artischocken viel kostbaren Platz. Dennoch sind diese mehrjährigen, silberblättrigen Schönheiten mehr als eine Überlegung wert. Die stattlichen Pflanzen vertragen Trockenheit und liefern, wenn ausgewachsen, pro Jahr zwölf oder mehr Artischocken. Sie werden gleich nach der Ernte gekocht, um den feinen Geschmack der Blütenköpfe voll auszukosten.

Nach rund fünf Jahren lässt die Kraft der Pflanzen nach, doch zum Glück sorgen sie selbst für Nachwuchs: Trennen Sie im Frühling bewurzelte Nebentriebe an der Basis der Mutterpflanzen ab und setzen Sie diese an anderer Stelle wieder ein. Sorten wie 'Green Globe' bilden große, grüne Blütenköpfe, 'Violetta di Chioggia' dagegen prunkt in attraktivem Purpur. Setzen Sie gekaufte Pflanzen Mitte Mai an eine sonnige Stelle, mit 1 m Abstand, am besten in den Hintergrund eines Beets. Schwerer Boden sollte mit feinem Kies und Kompost verbessert werden. Gut eingewachsene Pflanzen müssen Sie nur noch sparsam gießen und im Frühling mit Kompost versorgen. Pflücken Sie im ersten Jahr noch keine Blütenköpfe, damit sich die Pflanzen kräftig entwickeln.

Kapuzinerkresse

Diese ausbreitungsfreudigen Blumen bedecken bald den nackten Boden und blühen sich in leuchtenden Gelb-, Orange- und Rottönen die Seele aus dem Leib. Sie sind aber mehr als Zierpflanzen: Ihre fein zerhackten Blätter machen aus Kartoffelbrei ein würziges irisches Colcannon, die Blüten verleihen Salaten leicht pfeffrige Schärfe (und sehen gut aus) und die Früchte schmecken eingelegt wunderbar knackig.

Säen Sie Kapuzinerkresse im späten Frühling, nach Belieben in buschig kompakten oder dschungelartig rankenden Sorten. Altbewährte Sorten wie 'Empress of India' wachsen an fast jedem Standort, doch am liebsten mag Kapuzinerkresse mäßig trockenen, eher mageren Boden in voller Sonne. Ziehen Sie rankende Sorten am besten an einem Zaun hoch. In milden Lagen vermehren sich die Blumen oft durch Selbstaussaat, sodass Sie kaum noch neu säen müssen.

• **Siehe auch Mangold (S. 25), Grünkohl (S. 25), Salate (S. 56–57) und Kräuter (S. 34–36)**

Wie geht's? EINGELEGTE „KAPERN" AUS KAPUZINERKRESSE

Das Einlegen in Essig, Öl oder Salz ist eine großartige Methode, um auch kleine Erntemengen ergiebig zu konservieren. Aus den unreifen Früchten der Kapuzinerkresse lassen sich so „falsche Kapern" gewinnen (die echten stammen vom Kapernstrauch): leicht pfeffrig und sehr lecker zu Kartoffelsalaten oder einem Sandwich mit Käse oder Schinken.

Sie brauchen

2 Handvoll grüne Kapuzinerkresse-Früchte (Samenstände)

1 Teelöffel Salz

3 Zweige Estragon

6 Pfefferkörner

2 geschälte Knoblauchzehen (optional)

100 Milliliter Weißwein- oder Apfelessig

ein sterilisiertes Glas

Wann?

Hochsommer bis Frühherbst

So wird's gemacht

Geben Sie Früchte und das Salz in 150 Milliliter Wasser und lassen Sie das Ganze 24 Stunden ziehen. Nach dem Abtropfen kommen die Früchte zusammen mit dem Estragon, den Pfefferkörnern und – wenn gewünscht – dem Knoblauch in ein Glas. Füllen Sie so viel Essig auf, bis alles gut mit Flüssigkeit bedeckt ist (mindestens 1 cm darüber). Verschließen und in den Kühlschrank stellen; bleibt rund ein Jahr haltbar.

Wie geht's? EINE FRUCHTENDE HECKE PFLANZEN

Als attraktive Alternative zu einem langweiligen Zaun, der unter Kletterpflanzen versteckt wird, bietet sich eine Wildobsthecke an. Sie bringt ländliches Flair in den Stadtgarten, blüht im Frühling wunderschön und lockt Wildtiere an. Außerdem erweitert sie den Erntesegen und liefert reichlich Früchte und Beeren für Marmeladen und Gelees.

Alle hier aufgeführten Pflanzen eignen sich für Wildhecken. Sie können den Pflanzvorschlag wie beschrieben umsetzen oder nach Belieben eigene Kombinationen ausprobieren. Die ganze Hecke könnte auch nur aus einer Art bestehen, aber je abwechslungsreicher Sie die Sträucherreihe gestalten, desto natürlicher sieht sie aus. Für eine lohnende Wildobsthecke empfehlen sich mindestens 2 m Länge, bei genügend Platz lässt sie sich mit weiteren Sträuchern beliebig verlängern. Infrage kommen z. B. auch Schlehen (*Prunus spinosa*) für einen Schlehenschnaps oder Kornelkirschen (*Cornus mas*). Selbst Himbeeren lassen sich einfügen. Wählen Sie für eine schnell wachsende Hecke am besten wurzelnackte, 60–90 cm hohe Pflanzen.

Sie brauchen

einen mindestens 2 m langen und 1 m breiten Pflanzstreifen (bei mehr Platz die Pflanzenzahl erweitern)

1 Brombeere (*Rubus* sect. *Rubus*) (wurzelnackt)

1 Haselnuss (*Corylus avellana*) (wurzelnackt)

1 Feldrose (*Rosa arvensis*) (wurzelnackt)

1 Kirschpflaume (*Prunus cerasifera*) (wurzelnackt)

1Wildbirne (*Pyrus communis*) (wurzelnackt)

1 Wildapfel (*Malus sylvestris*) (wurzelnackt)

Grabegabel

Spaten

einen großen Eimer

Kompost, um den Boden zu verbessern

2 Stunden

Wann?

Herbst bis zeitiges Frühjahr

So wird's gemacht

Stellen Sie die Gehölze mit den nackten Wurzeln in einen Eimer Wasser. Graben Sie den Boden um und entfernen Sie gründlich alle Unkräuter. Arbeiten Sie pro Pflanze einen Eimer Kompost ein. Stechen Sie in Abständen von 30–40 cm spaltartige Pflanzlöcher, indem Sie den Spaten einstechen und vor und zurück bewegen. Setzen Sie nun die Sträucher in die Spalten; sie müssen genauso tief kommen, wie sie in der Baumschule standen. Treten Sie den Boden rund um die Pflanzen fest und gießen Sie gründlich an. Gießen Sie weiterhin regelmäßig und jäten Sie Unkräuter, bis sich die Hecke etabliert hat.

Wie geht's weiter?

Halten Sie Ihre Hecke in Form, indem Sie die Sträucher jährlich nach der Ernte etwas zurückschneiden und auslichten. Schneiden Sie abgetragene Brombeerruten unten am Boden weg.

Ein Paradies für städtische „Beerensammler“: Diese Strauchgruppe liefert Brombeeren, süße, kirschgroße Pflaumen und Haselnüsse, dazu Hagebutten für Sirup (siehe S. 127) und Wildäpfel für Gelees (siehe S. 125).

Samen selbst ernten

Gemüse und Blumen lassen sich leicht aus selbst geernteten Samen ziehen. Das spart Geld und es ist ungemein befriedigend, den eigenen Samen beim Keimen zuzusehen, nachdem sie über Winter gut aufbewahrt wurden. So können Sie zudem gezielt die Pflanzen vermehren, die bei Ihnen am besten abgeschnitten haben – die größten, leckersten Paprika, die robustesten Tomaten ... Deren Nachkommen gedeihen unter den lokalen Wachstums- und Klimabedingungen in Ihrem Garten teils auch besser als gekauftes Saatgut, das von weit her kommt.

Wie geht's?
SAMEN SAMMELN UND LAGERN

Sie brauchen

trockene Samenstände oder Früchte

braune Papiertüten

kleine Briefumschläge

eine luftdicht verschließbare Dose (z.B. Tiefkühlbox)

mehrere Säckchen mit Silikagel als Trocknungsmittel (kaufen oder aus alten Verpackungen, z. B. von Lederwaren, aufbewahren)

Bleistift

Gartenschere oder Schere

Wann?
An einem trockenen Tag im Spätsommer/Frühherbst

So wird's gemacht
Halten Sie Ausschau nach Pflanzen mit reifen Samen. In der Regel sind deren Fruchthüllen braun und fühlen sich papiertrocken an (siehe „Woran erkenne ich, dass Samen erntereif sind?“ S. 65). Schneiden oder knipsen Sie die Früchte bzw. Samenstände ab, in eine darunter gehaltene Papiertüte. Diese gleich beschriften.

Breiten Sie die Samen auf einem trockenen Tisch im Gewächshaus, einer warmen Fensterbank oder in einem luftigen Schrank aus. Sie sollten locker in offenen Kartons, Papiertüten oder auf Zeitungspapier liegen; beschriften Sie jede Samenpartie. Plastiktüten sind ungeeignet, weil sich darin schädliches Kondenswasser bilden kann.

Nach etwa einer Woche sind die Samen meist vollständig trocken. Entfernen Sie dann alle Fruchthüllen und Spreureste (davon kann Fäulnis ausgehen) und füllen Sie die Samen in kleine Umschläge. Vermerken Sie darauf genau die Art, Sorte, Sammelort und -datum. Die Umschläge kommen dann zusammen mit einigen Päckchen Silikagel in die Dose. Stellen Sie diese verschlossen an einen kühlen, dunklen Ort. Ein feuchtes Gewächshaus oder ein Gartenschuppen dagegen wären denkbar ungeeignet. Die Aussaat erfolgt wie üblich im nächsten Frühling.

LINKS: Stangenbohnen, Karden und Chilis – die Samen sind erntereif, wenn ihre Hüllen verbräunen und sich papierartig trocken anfühlen.

OBEN: Die Samen von Rosen werden in den noch roten Hagebutten gesammelt.

UNTEN: Der Kopf der Kugeldistel muss völlig trocken sein, bevor Sie die Samen in eine Papiertüte schütteln können.

Frage: *Kann ich Samen von jeder Pflanze sammeln?*

Antwort: Ja, ausgenommen sind nur die Samen seltener Wildpflanzen (siehe „Darf ich Wildblumensamen sammeln?“, S. 136) und die von F_1-Hybriden. F_1-Hybriden sind besonders wüchsige, produktive Züchtungen, manchmal mit ausgewiesener Krankheits- oder Schädlingsresistenz. Da sie auf spezielle Weise gekreuzt wurden, sind sie nicht „samenecht“; das heißt, die Nachkommen entwickeln sich anders als die Mutterpflanzen und unvorhersehbar. Samen sammeln lohnt sich deshalb nicht. Vor allem Gemüsesorten sind oft F1-Hybriden; das wird dann auf der Samentüte angegeben.

Alte Gemüsesorten zählen nicht zu den F1-Hybriden und lassen sich deshalb gut über eigene Samen vermehren. So können Sie auch dazu beitragen, dass historische Züchtungen vor dem Vergessen bewahrt werden. Alte Sorten erfreuen sich zunehmender Beliebtheit und bestechen manchmal mit kuriosen Namen: Wie wär's z. B. mit dem Kopfsalat 'Goldforelle' oder der 'Ochsenherz'-Tomate? Sie können auch sehr attraktiv sein – so stechen etwa Puffbohnen mit roten Blüten jeden Fingerhut aus (und der giftige Fingerhut bietet nichts Essbares).

Frage: *Woran erkenne ich, dass Samen erntereif sind?*

Antwort: In der Regel daran, dass die Samen, Samenstände oder Fruchthüllen trocken, braun und papierartig werden. Manche Ein- und Zweijährige, wie Jungfer im Grünen, Ziertabak, Stockrose, Fingerhut und Klatschmohn „geben Laut“: Ihre reifen Samenstände rasseln, wenn Sie sie rütteln. Stecken Sie sie in eine Papiertüte und schütteln Sie die Samen heraus.

Größere Samen, z. B. von Ringelblumen, Sonnenblumen oder Schmuckkörbchen, werden bei Reife braun und zerbrechlich; die Samen von Kapuzinerkresse können Sie auch grün sammeln und mehrere Wochen an einem trockenen Platz ausreifen lassen, bis sie braun werden. Ernten Sie Hülsenfruchtsamen, wenn die Hülsen braun und schrumpelig sind und die Zähne nach dem Zubeißen keine Eindrücke hinterlassen. Bei manchen Arten wie Tomaten gibt es speziellere Vorgehensweisen (siehe S. 66).

10 Blumen für einfache Samenernte

Für Einsteiger sind diese verbreiteten Blumen gut geeignet, um mit der Samengewinnung loszulegen. Auf S. 63 finden Sie Tipps zur Samenernte.

- Duftwicken
- Fingerhut
- Jungfer im Grünen
- Kapuzinerkresse
- Schmuckkörbchen
- Silberblatt (Judastaler)
- Sonnenblumen
- Stockrosen
- Studentenblumen
- Ziertabak

10 Gemüse für einfache Samenernte

- Basilikum
- Busch- , Stangen- und Puffbohnen
- Erbsen
- Gurken
- Koriander
- Paprika und Chili
- Petersilie
- Radieschen
- Rucola (Senfrauke)
- Salat

Wie geht's?
TOMATENSAMEN ERNTEN

Wenn Sie eine besonders köstliche Tomatensorte gezogen haben, sollten Sie die Samen sammeln und im nächsten Jahr wieder aussäen. Solange es sich nicht um eine F_1-Hybride handelt (siehe S. 65), lohnt sich das – nicht zuletzt, weil Tomatensamen recht teuer sind.

Klappt das auch mit Tomaten aus dem Supermarkt?

Prinzipiell ist das möglich. Allerdings müssten Sie sicher sein, dass es keine F_1-Hybride ist und sich die Sorte für den Anbau in Ihrem Klima eignet. Andernfalls rentiert sich der Aufwand nicht.

Sie brauchen

eine reife, schmackhafte, gesunde Tomate aus Ihrem Garten (keine F_1-Hybride)

ein Messer

einen Löffel

eine Schüssel

ein Sieb

einen Teller

etwa 10 Tage

Wann?

Hochsommer bis Frühherbst

So wird's gemacht

Halbieren Sie die Tomate und schaben Sie die Samen heraus. Die Samen mit Wasser in eine Schüssel geben und an einen warmen Platz stellen; mehrmals täglich umrühren. Nach etwa drei Tagen bildet sich auf der Oberfläche Schimmel – entfernen Sie diesen und füllen Sie die Schüssel wieder auf. Warten Sie nochmals drei Tage, dann sinken die keimfähigen Samen zu Boden. Gießen Sie das mit Fruchtfleisch vermengte Wasser ab und seihen Sie den Rest gründlich über das Sieb ab. Lassen Sie die Samen mehrere Tage auf einem Teller trocknen (nicht auf Papier, sie bleiben kleben), dann werden sie eingetütet. Säen Sie die Samen im nächsten Frühling aus.

Tipp Entfernen Sie alle Schnecken, die Sie im Kompost finden. Notfalls hilft umweltschonendes „Bio"- Schneckenkorn; gegen Acker- und Wegschnecken gibt es biologische Nematodenpräparate.

Tipp Vergessen Sie die Blumen nicht! In jeden Stadtgarten gehören hübsche Blüten, die auch Bienen anlocken. Leicht ziehen lassen sich z. B. Duftwicken, Jungfer im Grünen und Kapuzinerkresse.

RURBANITE: Megan Paska, Urban Farmer in Brooklyn, New York

Die 30-jährige Megan pflanzt nicht nur Gemüse im Hinterhof ihrer Mietwohnung in Brooklyn, sondern hält sogar Hühner und zudem Bienen auf dem Dach. Megan gehört zur wachsenden Schar hipper Rurbanites in New York. Sie ist eine stolze „Stadtpionierin" und verbreitet ihre Freude an der Sache über Blogs, Twitter und Kurse für Bienen- und Hühnerhaltung sowie Gemüseanbau.

Megan wird motiviert durch den Wunsch, mehr Kontrolle über ihre Nahrungsmittel zu gewinnen: „Ich denke, moderne Menschen interessieren sich für grundlegende Praktiken wie Nahrungsanbau, weil es sich grässlich anfühlt, den Bezug zu verlieren. Wir hängen ab von gesichtslosen Produzenten, statt selbst etwas zu tun. Die Nahrungswirtschaft liefert immer wieder Horrorbeispiele dafür, was Firmen anrichten können, wenn wir ihnen zu viel Macht über so etwas Wichtiges wie die Lebensmittelproduktion überlassen. Davon abgesehen, macht es Spaß und befriedigt, die Früchte der eigenen Arbeit zu ernten. Man lernt es schnell lieben."

„Menschen interessieren sich für den Anbau, weil es sich grässlich anfühlt, den Bezug zu verlieren."

Megan baut vor allem Pflanzen an, die auf Bauernmärkten teuer sind oder frisch geerntet besser schmecken. In ihren Hochbeeten drängen sich Tomaten, Paprika und Auberginen, daneben Mangold, Grünkohl, Salate und Erbsen. Weitere Favoriten sind Radieschen, Gurken und Kürbisse – und auf dem Dach ihres Hühnerstalls wachsen Kräuter.

Nach Megans Einschätzung haben sich Großstädte wie New York komplett von der natürlichen Nahrungsmittelproduktion abgekoppelt. „New York kann sich nur versorgen, wenn stündlich LKWs mit Tonnen von Lebensmitteln in die Stadt rollen", meint sie. „Die New Yorker fühlen sich abgeschnitten von der bäuerlichen Welt. Ich vermute, unsere wachsende Stadtfarm-Szene zeigt auch das Bestreben, Bauernhof-Gemeinschaften nachzuahmen."

Gärtnern in Töpfen

Selbst wenn Ihnen nur ein kleiner Hinterhofgarten, ein Balkon oder ein paar Fensterbänke zur Verfügung stehen, können Sie erstaunlich viel Frisches ernten. In einer verstädterten Welt werden Balkone und Dachgärten zu reiz- und wertvollen Anbauflächen. Architekten berücksichtigen zunehmend das Bedürfnis, in der Erde zu wühlen. In Mailand (Italien) ensteht derzeit der *Bosco Verticale*, ein „vertikaler Wald“: zwei Hochhäuser, die mit 530 Bäumen, 5000 Sträuchern und 11.000 Bodendeckern begrünt werden – das Äquivalent zu einem Hektar Wald. Bei einem neuen Appartementhaus in Valencia in Spanien sind Balkone an den Seiten geplant, die 8 m vorspringen; mit tiefen Pflanzmulden, z.B. für Orangen-, Zitronen-, Olivenbäume und Kiefern. Der Name des Hauses, *Torre Huerta*, erinnert an die Obst- und Gemüsegärten (*huertas*), die einst die Stadt umgaben, bevor sie von den Vorstädten verschluckt wurden.

Solche Projekte sind zwar spannend, aber Sie können auch in herkömmlichen Stadthäusern und -wohnungen – ohne besondere Baumaßnahmen – Gemüse und Obst anbauen. Dafür eignet sich jeder Balkon, Dachgarten oder Innenhof, solange die Pflanzen in Töpfen wachsen. Alle nachfolgend empfohlenen Pflanzen gedeihen gut in Gefäßen, wenn Sie zwei grundsätzliche Dinge beachten: Verwenden Sie gute, torffreie Pflanzerden bzw. -substrate und stellen Sie sicher, dass alle Gefäße Wasserabzugslöcher am Boden haben.

Was eignet sich als Pflanzgefäß?

Sie müssen nicht unbedingt Töpfe kaufen – Sie können Ihr Gemüsegärtchen auch mit recycelten Behältern anlegen, etwa mit Obstkisten, Plastikeimern oder alten Backformen. Sehen Sie in Schränken und im Keller nach oder erkundigen Sie sich in Supermärkten und Läden nach nicht mehr benötigten Verpackungsbehältern. Hölzerne Weinkisten sind stabil und haltbar, Obstkisten aus dünnem Holz reichen immerhin für eine schnelle Saat. Die bunten, preiswerten „Tubtrugs“ sind perfekt für größere Pflanzen und Plastikkisten gibt es sehr billig aus zweiter Hand. Wenn Sie den profanen Anblick von Plastik nicht mögen, verkleiden Sie die Behälter mit Stroh- oder Bambusmatten aus dem Gartencenter oder mit Weidenruten.

Wie geht's?
PFLANZGEFÄSSE AUS SAFTKARTONS

Statt Milch- oder Saftkartons achtlos in den Müll oder die Recyclingtonne zu werfen, können Sie auch ein Pflanzgefäß daraus basteln. Im *Prinzessinnengarten* in Berlin (siehe S. 31) fallen im Café sehr viele Milch- und Safttüten an, die im Garten mit Salat bepflanzt werden. Da die Kartons innen wachsartig oder folienbeschichtet sind, halten sie die Feuchtigkeit und sind erstaunlich stabil. Außerdem sind sie leicht und gut zu transportieren. Pflück- und Schnittsalate, Erbsen- und Sonnenblumensprosse sowie Kräuter wachsen wunderbar in solchen Behältern.

Sie brauchen

Saft- oder Milchkarton, innen beschichtet (mit zugeschraubtem Verschluss)

eine scharfe Schere oder ein Küchenmesser mit Wellenschliff

torffreie Pflanzerde

geeignete Samen, z. B. von Salaten, Erbsen, Kräutern oder Sonnenblumen

15 Minuten

Wann?

Frühjahr bis Sommer, je nach Saattermin

So wird's gemacht

Schneiden Sie in eine Seite (die spätere Oberseite) zwei rechteckige Öffnungen; dazwischen bleibt ein Steg als Griff stehen. Bohren Sie in die gegenüberliegende Seite sechs Löcher für den Wasserabfluss. Füllen Sie den Behälter mit Pflanzerde und legen Sie die Samen mit 2 cm Abstand aus; dünn mit Erde abdecken und gut angießen.

Tipp Denken Sie vertikal: Bei sehr wenig Fläche können Sie Regenrinnen aus Plastik an der Wand befestigen und als „Saatschalen“ nutzen (Wasserabzugslöcher nicht vergessen) – prima z. B. für kleine Blattsalate, Kresse oder Keimsprosse, ohne Platzverbrauch am Boden.

Die 5 besten für Töpfe und Kübel

Frühlingszwiebeln
Frühlingszwiebeln brauchen wenig Platz und geben Salaten, asiatischen Gerichten oder gegrilltem Fleisch eine besondere Note. Sie passen gut in die Lücken zwischen anderen Pflanzen, z. B. Salatköpfen. Die weißen Zwiebelchen lassen sich schon nach acht Wochen ernten; säen Sie regelmäßig nach (zeitiges Frühjahr bis Frühherbst). Sie gedeihen in voller Sonne und Halbschatten, notfalls auch im Schatten. 'Weiße Frühlingszwiebel (Vaugirard)' ist eine verlässliche Sorte.

Radieschen
Die knackigen Knollen peppen grüne Salate auf. Radieschen gedeihen an sonnigen Plätzen in Töpfen, Erdsäcken und Blumenkästen, sofern diese mindestens 15 cm tief sind. Dünnen Sie die Sämlinge auf 7 cm Abstand aus, damit sich die Knollen gut entwickeln, gießen Sie reichlich und ernten Sie nach rund vier Wochen, damit sie nicht holzig werden. Die Sorte 'Rudi' bietet schöne runde Kugeln, 'French Breakfast' sehr ansprechende längliche, unten weiße Knollen.

Chilis
Es gibt drei gute Gründe, Chilis und ähnliche Gewürzpaprikas im Topf zu kultivieren: Sie mögen Töpfe, in denen sie möglichst geschützt und an einer heißen Stelle stehen. Zweitens trägt eine einzelne Pflanze so reich, dass nur ein Capsacain-Junkie nicht auf seine Kosten kommt. Drittens sehen die Pflanzen toll aus, sobald sich die roten Früchte zeigen. Säen Sie im Frühjahr in kleine Töpfe, auf einer Fensterbank im warmen Zimmer. Setzen Sie die Pflänzchen später in mindestens 20 cm breite Töpfe und stellen Sie sie ab Mitte Mai nach draußen an den sonnigsten Platz. Wenn Sie die Töpfe im Herbst nach drinnen holen, schaffen es die Chilis vielleicht sogar über den Winter. Binden Sie überzählige Schoten zusammen und hängen Sie sie zum Trocknen auf.

Das Sortenangebot ist gewaltig, von der vulkanisch scharfen 'Habanero' und 'Naga' bis zur milderen 'Poblano'. Es gibt gelbe und rote, spitze und stumpfe Sorten. Alle setzen farbige Akzente auf dem Balkon, im sonnigen Hof oder auf der Fensterbank.

PROJEKT

CHILISCHOTEN AUFFÄDELN

Schon eine Chilipflanze im Topf liefert genügend Schoten für den Winter – sie müssen nur getrocknet werden. Hängen Sie den Kranz mit den aufgefädelten Chilis in der Küche auf. So erinnert er lebhaft an die Sommerernte und ist stets griffbereit für Mörser und Stößel.

Sie brauchen

reife Chilischoten

Baumwollfaden

eine Nadel

Wann?

Spätsommer bis Herbst, wenn die Schoten reif sind

So wird's gemacht

Fädeln Sie den Faden in die Nadel ein und verknoten Sie ihn. Stechen Sie mit der Nadel direkt über den Stielenden ein, bis Sie alle Chilis aufgefädelt haben. Waschen Sie sich danach gründlich die Hände (nicht in die Augen greifen!). Hängen Sie den Chilikranz an einem warmen, gut belüfteten Ort zum Trocknen auf.

Heidelbeeren
Heidel- oder Blaubeeren verlangen wenig Aufwand und belohnen Sie großzügig mit festen, aromatischen Beeren – ganz anders als die matschigen Früchte, die man manchmal in Geschäften bekommt. Alles was Heidelbeeren brauchen, ist saures Substrat (Rhododendronerde), alle zwei Wochen einen Schuss kalireichen Dünger (Tomatendünger oder Algenextrakt) und einen Bestäubungspartner (den besten Fruchtansatz garantieren zwei unterschiedliche Sorten). Gute Sorten sind 'Bluecrop', 'Sunshine Blue' und 'Reka'. Heidelbeeren brauchen kaum Schnitt, es genügt, abgestorbene oder sich kreuzende Zweige auszulichten.

Feigen
'Brown Turkey', 'Violetta' und 'Pfälzer Fruchtfeige' gehören zu den verlässlichsten Sorten, die auch einiges an Frost vertragen. Sie sind ideal für Kübel (mit mindestens 45 cm Durchmesser), da ein eingeschränktes Wurzelwachstum die Fruchtbildung fördert. Deshalb ist es beim Auspflanzen im Gartenboden auch ratsam, die Wurzeln im Umkreis von rund 60 cm mit einer Sperre aus eingegrabenen Platten einzugrenzen. Wählen Sie einen sonnigen Standort. Feigenbäumchen können frei wachsen oder an einer Mauer zum Fächer erzogen werden. Binden Sie die Langtriebe an parallelen Drähten fest. Im Topf wachsende Feigen dürfen nicht austrocknen und erhalten von Frühlingsmitte bis Spätsommer alle zwei Wochen flüssigen Algendünger. Die ersten Früchte reifen im Spätsommer und werden gepflückt, sobald sie sich weich anfühlen. Im Herbst folgt dann oft noch eine zweite Ernte mit kleineren Früchten.

Weitere gute Topfpflanzen

Grünkohl: drei Pflanzen in einem 30-cm-Topf; siehe auch S. 25.
Frühkartoffeln: Legen Sie drei Pflanzkartoffeln in einen 30-cm-Topf auf eine 20 cm hohe Erdschicht; füllen Sie darüber 30 cm hoch Substrat auf. Wenn die grünen Sprosse 20 cm hoch sind, bedecken Sie sie fast bis zur Spitze mit Erde. Füllen Sie so lange Substrat nach, bis der Topf voll ist. Zum Anbau und Erdauffüllen im Schuttsack siehe S. 38–39. Sobald die Pflanzen Blüten ansetzen, brauchen sie kalireichen Flüssigdünger oder Wurmkompost-Brühe (siehe S. 46). 'Orla' und 'Charlotte' sind gute Topfsorten. Geerntet werden sie wie Kartoffeln aus dem Garten (siehe S. 26).
Mangold: drei Pflanzen in einem 30-cm-Topf; siehe auch S. 25.
Neuseeländer Spinat: eine Pflanze in einem 30-cm-Topf; siehe auch S. 32.
Kräuter: siehe S. 34-36.
Tomaten: Ideal sind Erd- oder Schuttsäcke oder ein 30-cm-Topf mit einem Stangenzelt aus Bambusstäben für drei Stabtomaten. Buschtomaten gedeihen gut in Töpfen und großen Blumenkästen auf der Fensterbank, 'Tumbling Tom' wächst sogar in Hängekörben. Tomaten dürfen nicht austrocknen und brauchen alle zwei Wochen eine Düngergabe; siehe auch S. 51.
Erdbeeren: sechs Pflanzen in einem Erdsack oder drei Pflanzen in einem 30-cm-Topf, Hängekorb oder Blumenkasten; siehe auch S. 48.
Möhren: Säen Sie in Töpfe mit 30 cm Durchmesser oder mindestens 25 cm tiefe Blumenkästen mit 5 cm Abstand; gute Sorten für den Topf sind 'Sugarsnax' und 'Pariser Markt' (rundlich); siehe auch S. 54.
Pflaumen: Wählen Sie spezielle Zwerg- oder Säulenbäume für einen 45-cm-Topf mit guter Kübelpflanzenerde; siehe auch S. 51.
Puffbohnen: fünf Pflanzen in einem 30-cm-Topf; siehe auch S. 54.
Buschbohnen: vier Pflanzen in einem 30-cm-Topf; siehe auch S. 57.
Salate: Säen Sie mit 5 cm Abstand für „Babyblätter", mit 20 cm Abstand für Salatköpfe; Töpfe und Blumenkästen müssen mindestens 15 cm tief sein; siehe auch S. 56–57.
Asia-Salate: wie Salate; für Nutzung als Gemüse auf 15 cm Abstand verpflanzen; siehe auch S. 57.
Brunnenkresse: wächst gut im Topf, solange das Substrat gut feucht bleibt. Säen Sie dicht und ernten Sie die Triebe ganz nach Bedarf.
Sonnenblumensprosse: schmecken nussig-knackig; die ersten können oft schon eine Woche nach der Aussaat geerntet werden. Säen Sie dicht und schneiden Sie die Sämlinge ab, bevor das zweite Paar echter Blätter erscheint.

Tipp Düngen Sie Topfgemüse alle zwei Wochen mit flüssigem Algendünger oder verdünnter Wurmkompost-Brühe (siehe S. 46).

Wie geht's?

GARTENZUBEHÖR FÜR UMSONST

Wer im kleinen Maßstab gärtnert, braucht nicht unbedingt teures Werkzeug. Manche Verpackungen lassen sich ökologisch sinnvoll recyceln, indem man sie in praktisches Zubehör umwandelt – so etwa große, runde Plastikflaschen mit Griff, in denen z. B. Flüssigdünger oder Waschmittel verkauft werden.

Sie brauchen

eine große Plastikflasche mit Handgriff (gründlich ausspülen)

ein kräftiges Messer oder eine scharfe Schere

PROJEKT 1: KOMPOSTSCHAUFEL

Schneiden Sie den Boden heraus und einen Teil der Wandung unter dem Griff. Schrauben Sie den Deckel fest – fertig ist eine praktische Schaufel, um Kompost und Erde in Töpfe zu füllen.

PROJEKT 2: MINI-PFLANZENGLOCKE

Schneiden Sie den Boden heraus und stülpen Sie die Flasche über empfindliche Jungpflanzen. In sehr kalten Nächten wird der Deckel zugeschraubt, ansonsten bleibt er offen, damit die Pflanzen atmen können. Durchsichtige Plastikflaschen können Sie auch tagsüber als Pflanzenglocken verwenden: zum Schutz vor Kälte, Wind und Schnecken.

Tipp Sie brauchen keinen Anzuchtkasten für keimende Samen. Säen Sie in ein Obst-Plastikkörbchen mit Erde und setzen Sie den Deckel auf: Der hat meist schon Löcher für eine gute Luftzirkulation.

1

2

PROJECT

Wie geht's?
KEIMPFLÄNZCHEN KULTIVIEREN

Sie haben gar keine Möglichkeit, Pflanzen im Freien zu ziehen? Kein Problem, verlegen Sie die Ernte ins Zimmer. Kräuter und Tomaten wachsen drinnen gut, aber am einfachsten sind Keimpflänzchen („Microgreens"). Dafür eignen sich alle Salate und viele Gemüse. Man lässt sie etwas größer werden als die bekannten Keimsprossen (z. B. von Kresse) und erntet, sobald sich nach den Keimblättchen die ersten „richtigen" Blätter zeigen. Sie sind rund drei Wochen nach dem Säen erntereif und schmecken sehr aromatisch.

Sie brauchen

geeignete Samen, etwa von Möhren, Grünkohl, Fenchel, Erbsen, Koriander, Sellerie, Basilikum, Mangold und Roter Bete

torffreie Anzuchterde

eine Saatschale oder ein Plastikkörbchen, in dem Obst verkauft wird

einen Untersetzer oder hohen Teller

20 Minuten

Wann?

Rund ums Jahr

So geht's

Achten Sie darauf, dass die Gefäße Wasserabzugslöcher haben (wenn nicht, Löcher in den Boden bohren). Füllen Sie 2 cm hoch Erde ein und säen Sie darauf die Samen so dicht, dass sie sich fast berühren. Kleine Samen können offen liegen bleiben, größere werden mit einem halben Zentimeter Erde abgedeckt. Stellen Sie das Gefäß an einem hellen, warmen Platz auf einen mit Wasser gefüllten Untersetzer. Füllen Sie in diesen Wasser nach, sobald die Erdoberfläche abtrocknet.

Ernten Sie mit der Schere, sobald sich die ersten richtigen Blätter zeigen (Erbsensprösslinge können Sie bis 10 cm lang werden lassen). Genießen Sie die Blättchen in Salaten oder auf Butterbroten und Sandwiches.

5 DER BESTEN KEIMPFLÄNZCHEN

- Möhren
- Fenchel
- Rote Bete
- Blattkoriander
- Basilikum

Friedliche Straßen-Eroberung

Wo endet das persönliche Umfeld und wo beginnt der öffentliche Raum? An der Haustür? Am Ende der Straße? Solche Fragen stellen sich die *Rurbanites* immer öfter. Häufig legen die Stadtverwaltungen keinen gesteigerten Wert auf die Bepflanzung und viele Grünflächen sind bestenfalls langweilig. Immer mehr Stadtbewohner haben die vernachlässigten Blumenbeete, leeren Pflanzkübel und seelenlosen Kreisverkehre satt. Sie nehmen die Sache selbst in die Hände, pflanzen Blumenzwiebeln und werfen Samenbomben.

Guerilla-Gärtner kämpfen für lebendiges Grün, ohne vorher um Erlaubnis zu fragen. Andere gehen moderater vor und bepflanzen ihre Vorgärten, um explizit die Straße zu verschönern. Die Bewohner des grünsten Wohnblocks in Brooklyn wetteifern um die schönste Straßenfront: Sie lassen Kaskaden von Blüten über triste Steintreppen wuchern und ihre Vorgärten scheinen fast die Zäune zu sprengen.

Die „subversive" Bepflanzung ohne Erlaubnis beflügelt die Fantasie der Menschen. Der Künstler Steve Wheen bepflanzt Löcher in Londoner Straßen mit Minigärtchen, um „den Menschen ein Lächeln ins Gesicht zu zaubern und sie vor Schlaglöchern zu warnen". Der in Manchester lebende Künstler Paul Harfleet pflanzt Stiefmütterchen an Stellen, wo es zu schwulenfeindlichen Angriffen kam und fotografiert sie. Auf seiner Website (thepansyproject.com) veröffentlicht er die Fotos und benennt sie mit den Beschimpfungen, die dem Opfer nachgerufen wurde. Die Künstlerin Vanessa Harden hat einen nicht ganz ernst gemeinten „Präzisionsbomber" konstruiert: Eine als Kameralinse getarnte Schleuder, um Samenbomben über städtische Zäune zu schießen. Und der bekannte Guerilla Richard Reynolds (dessen Mantra lautet: „Bekämpfen wir den

Dreck mit Grabegabeln und Blumen") erntet Lavendel auf einem Kreisverkehr mitten in London, trocknet ihn und stopft Duftkissen damit aus.

Manche Städte haben es aufgegeben, die Guerilla-Gärtner zu bekämpfen. Im kanadischen Vancouver hat die Stadtverwaltung über 250 öffentliche Plätze für die Gärtner frei gegeben. In München kann man eine Zulassung als Guerilla-Gärtner beantragen. So oder so hat diese Bewegung überall dazu geführt, dass Städter das öffentliche Grün in ihrem Umfeld mit einem neuen Sinn für Verantwortung und Stolz ansehen.

Warum auch nicht? Man kann seine langweilige Straße mit wenig Aufwand in einen lebendigen Ort verwandeln, wo man sich gern aufhält. Da private Gärten in der Stadt immer kleiner und kostbarer werden, bietet jede Freifläche wertvolle Möglichkeiten für Pflanzenspaß. Und wenn die selbst gepflanzten Tulpen und Wiesenblumen den gestressten Passanten auf dem Weg zur Arbeit ein Lächeln entlocken, hat es sich schon gelohnt.

RURBANITE: **Maina van der Zwan, Guerilla-Gärtner in Amsterdam**

In Amsterdam wissen die Menschen zu gärtnern. Der Platz für Pflanzen ist kostbar und die Amsterdamer holen aus jedem Quadratzentimeter das Beste heraus. Wer an den Grachten entlang spaziert, passiert wahre Schatzkästen des kreativen Stadt-Gärtnerns, von Zwiebelblumen in Fahrradkörben bis zu Kletterrosen und Stockrosen in großen Pflasterspalten. Auf vielen Treppenstufen stehen dicht gedrängte Topfgärtchen. So ist es kein Wunder, dass in Amsterdam auch die Guerilla-Gärtner-Szene floriert.

Maina van der Zwan gehört zu denen, die die Dinge in die Hand genommen haben. „Ich habe einen Streifen Bürgersteig vor unserem Wohnblock konfisziert und mit einem 5 x 1 m großen Beet losgelegt", erzählt er. „Darin ziehe ich Spinat, Rote Bete, Rucola, Zuckererbsen und Kräuter. Passanten können sich pflücken, was sie mögen, und meine Nachbarn lieben es." Maina möchte das Angebot vergrößern. „Im nächsten Frühling pflanze ich Mais, Kürbisse und Puffbohnen. Ich will nicht die Welt verändern und nicht die kapitalistische Agrarindustrie herausfordern; aber es bringt Gesichter zum Lächeln und pflanzt Samen ins Bewusstsein der Leute."

„Ich beanspruche den Bürgersteig und dazu gehört kein braves Nachfragen."

Van der Zwan hat das Beet mit Kompost aufgefüllt und umzäunt, damit es nicht zertrampelt wird. „Obwohl eine belebte Straße in der Nähe ist, habe ich keinerlei Vandalismus erlebt. Da der Garten gut gepflegt ist, halten ihn viele für eine städtische Anlage. Aber ich habe keine Erlaubnis und auch nicht vor, eine zu beantragen. Ich beanspruche den Bürgersteig und dazu gehört kein braves Nachfragen."

Werden Sie Guerilla-Gärtner

Ist das legal?

Ein Guerilla-Gärtner gärtnert ohne Erlaubnis an Stellen, die nicht ihm gehören. Solange man auf öffentlichem Grund bleibt, gilt das nicht als Hausfriedensbruch. Allerdings kann dies juristisch als eine Form von Vandalismus interpretiert werden. Wenn man zurückhaltend vorgeht, drückt die Stadtverwaltung meist ein Auge zu. Ernsthafte Strafen hat es bisher (zur Zeit, als dieses Buch entstand) nirgendwo gegeben.

„Manche Guerilla-Gärtner machen sich nachts an die Arbeit", erzählt Andrea Bellamy, die regelmäßig Samenbomben in Vancouver (Kanada) verteilt. „Ich bevorzuge ein bisschen zu bluffen und so zu tun, als wäre ich damit beauftragt. Wer so etwas konsequent durchziehen möchte, kann sich z. B. noch eine Sicherheitsweste für mehr Glaubwürdigkeit überziehen."

Guerilla-Gärtner sind keine Terroristen: Aufruhr mit Besonnenheit

So viel Lob das aktive Begrünen der Stadt auch verdient, gibt es einiges zu bedenken, ehe man munter Samenbomben wirft. Öffentliche Parks und Gärten sind dafür der falsche Ort. Sie werden meist sorgfältig gepflegt, teils von engagierten Angestellten. Die ärgern sich über ungefragte Eingriffe und jäten außerdem gnadenlos, was aus spontan verteilten Samen wächst. Auch Bauerwartungsland, Bahndämme oder Industriebrachen lassen Sie besser, wie sie sind. Selbst wenn sie verunkrautet und hässlich aussehen, handelt es sich um erstaunlich vielfältige Naturräume, die von speziell angepassten Pflanzen und Tieren besiedelt werden. Das gezielte Einbringen anderer Pflanzen ist nach Ansicht vieler Naturschützer eher ein Zerstörungsakt, selbst wenn gut gemeint. Suchen Sie lieber nach Grünflächen, die – wenn überhaupt – sehr

halbherzig gepflegt werden, wie Kreisverkehrsinseln, vernachlässigte Blumenrabatten, Mittelstreifen, Baumscheiben und leere Pflanzkübel. Hier können Guerilla-Gärtner sichtbare und sinnvolle Zeichen setzen.

Wählen Sie die Pflanzen mit gesundem Menschenverstand aus. Stark wuchernde Arten wie Efeu oder Minzen zu verbreiten, grenzt schon an Öko-Hooliganismus. In der Regel sind keine Wasserhähne in der Nähe, wählen Sie also Arten, die einigermaßen Trockenheit vertragen. Nicht ohne Grund ist Lavendel fast schon ein Klischee-Favorit der Guerilla (siehe „Die 10 besten Pflanzen für Guerilla-Gärtner“, S. 80–81).

WAS BRAUCHT EIN GUERILLA-GÄRTNER?

dicke Handschuhe (man weiß nie, was in dem Beet herumliegt)

eine Handgrabegabel oder -schaufel

Samen, Pflanzen oder Samenbomben

eine Mini-Gießkanne (siehe unten)

eine Mülltüte, um Unrat zu beseitigen

Tipp Nehmen Sie eine große Plastikflasche voll Wasser mit, samt einem zweiten Deckel mit eingebohrten Löchern. Der wird nach dem Säen als „Gießkopf" auf die Flasche geschraubt – fertig ist die Mini-Gießkanne.

Kreisverkehrsinseln und Mittelstreifen

Das Zentrum vieler Kreisverkehre bietet einen traurigen Anblick, mit nacktem Boden und kümmernden Sträuchern. Das macht sie zum idealen Aktionsort für Guerilla-Gärtner, zumal kaum Unkräuter mit den neuen Pflanzen konkurrieren. Auch der Mittelstreifen einer viel befahrenen Stadtstraße kann sehr trostlos sein. Häufig stehen hier dürre Sträucher, in denen sich fliegende Plastiktüten verfangen. Denken Sie beim Bepflanzen an die optische Wirkung: Viele Exemplare derselben Art machen mehr her als ein Sammelsurium verschiedener kleiner Pflanzen. Eine große Gruppe mit Tulpen oder eine Reihe von Sonnenblumen entlang einer Straße können umwerfend aussehen.

Vor allem Kreisverkehre bieten ein großes Potenzial. Die Gartengestalterin Brita von Schoenaich hat in London auf dem viel befahrenen Kreisverkehr an einer ständig verstopften Ausfallstraße eine Wildblumenwiese angelegt. Die Autofahrer staunen seitdem über Wogen aus Mohn, Leinkraut und Kornblumen, die vom Hochsommer bis zum Herbst blühen. Es ist wie ein bunter Fleck ländlicher Idylle mitten im Verkehrsstau.

Baumscheiben, Blumenbeete und Pflanzkübel

Solche begrenzten Flächen sind ideal für schnelle Guerilla-Einsätze – sozusagen für den Angriff in der Mittagspause. Ein paar Minuten reichen, um einige Zwiebeln und Pflänzchen zu setzen oder Samen auszustreuen. Und Sie werden es jedes Mal freudig genießen, wenn Sie dort vorbeikommen. In Pflanzkübeln, wo trampelnde Füße und Hunde weniger stören, können Sie sogar ein paar Nutzpflanzen unterbringen.

Die 10 besten Pflanzen für Guerilla-Gärtner

Setzen Sie farbige Akzente und erfreuen Sie die Passanten. Alle genannten Arten sehen toll aus.

Zwiebeln und Knollen
Leicht im Herbst zu pflanzen, da sie kein Gießwasser brauchen. Pflanzen Sie Tulpen, Narzissen, Krokusse und Schneeglöckchen, am besten in Massen.

Einjährige Wiesenblumen
Klatschmohn, Kornblumen und Ringelblumen blühen farbenfroh und lassen sich im Frühling einfach säen.

Sonnenblumen
Wer kann dem fröhlichen Anblick einer Sonnenblume widerstehen (unten links)? Im späten Frühling säen.

Schmuckkörbchen
Diese hübsche Pflanze verträgt Trockenheit und blüht monatelang (am besten öfter Verblühtes ausputzen). Sie mag Sonne und wird im späten Frühling gesät.

Stockrosen
Hohe Bauerngarten-Blumen. Im späten Frühling säen, an sonnigem Platz; säen sich oft selbst wieder aus.

Lavendel
Sehr trockenheitsverträglich und aromatisch duftend; im Herbst oder Frühjahr pflanzen.

Kapuzinerkresse
Breitet sich aus und verträgt Trockenheit; leuchtend gelbe bis rote Blüten. Im späten Frühling säen.

Schöterich 'Bowles Mauve'
Diese Sorte des Schöterich (*Erysimum*) blüht monatelang in reizvollem Malvenrosa (unten rechts). Die Staude hält Trockenheit aus und lockt Bienen an. Im Herbst oder Frühling pflanzen.

Kalifornischer Mohn
Blüht lebhaft orange über silbrigen Blättern und sät sich selbst aus. Im Frühling an sonnigem Platz säen.

Ziertabak
Hohe Pflanzen mit eleganten, weißen Blüten, die vor allem nachts duften; gut für Schattenflächen.

Gemüse und Guerilla-Gärtnern

Gemüse, das direkt neben einer abgasreichen Straße wächst, macht wenig Appetit. Es gibt aber auch Stellen abseits des Autoverkehrs, die nicht zertrampelt werden und wo nicht jeder Hund seine Duftnoten hinterlässt. Lassen Sie sich von dem 78 Jahre alten Li Tingbang inspirieren, einem chinesischen Einwanderer in New York. Gelangweilt vom Mahjong-Spielen im Altenheim, fand er ein verlassenes Stück Land hinter einer Bushaltestelle und machte einen Garten daraus. Eine Mauer schützt seine Salatköpfe und Bohnen vor den Abgasen während der Rushhour.

Bomben werfen?

Schreckt Sie der Gedanke, über drei Autospuren zu laufen, um einen Mittelstreifen zu bepflanzen? Geben Sie nicht auf: Guerilla-Gärtner kennen einen Trick, um Mittelstreifen oder viel befahrene Kreisverkehrsinseln zu begrünen – und das sogar aus dem Auto heraus.

In den 1970er Jahren begannen die amerikanischen Umweltaktivisten *Green Guerillas* damit, „Samenbomben" zu werfen: Sie füllten Blumensamen in Kondome, Luftballons oder Christbaumkugeln und schleuderten diese Bomben über die Zäune verlassener Grundstücke in New York. Die heutigen Samenbomben sind etwas organischer: Die Samen werden mit Kompost, Erde und Ton vermischt und zu einer Kugel geformt, die sich gut und weit werfen lässt. Wenn es regnet, zerbröselt die Kugel allmählich und die Samen keimen und schlagen Wurzeln. Werfen Sie solche Bomben aber nicht in gewachsene Unkrautgesellschaften; dort stören sie das natürliche Gleichgewicht. Bessere Ziele sind vernachlässigte Kreisverkehrsinseln, Mittelstreifen und Blumenbeete; die Bomben werden vom Gehweg aus, vom Fahrrad oder sogar aus dem Autofenster geworfen.

Tipp Samenbomben werden am besten im Frühling oder Herbst verbreitet, wenn die Regenwahrscheinlichkeit größer ist als im Sommer. Bei Trockenheit tut sich nichts. Auch ein kurzer Regenschauer reicht nicht immer, um die Kugeln aufzulösen, sodass die Samen stecken bleiben. Ideal ist ein „Bombenwurf", wenn sich kräftiger Regen ankündigt – achten Sie auf die Wettervorhersage.

10 DER BESTEN BLUMEN FÜR SAMENBOMBEN

Achten Sie auf übereinstimmende Saatzeiten, wenn Sie verschiedene Samen kombinieren. Kleine Samen sind besser als große, die die Kugel zum Platzen bringen können.

Wildblumenmischungen: Wiesenpflanzen wie Klatschmohn, Ringel- und Kornblumen brauchen Sonne; eine Mischung aus Waldblumen ist besser für schattige Plätze geeignet.

Kalifornischer Mohn (*Eschscholzia californica*)

Schmuckkörbchen (*Cosmos*)

Fingerhut (*Digitalis purpurea*): mit schönen rosa, weißen oder purpurnen Blütenständen; als Waldpflanze gut für schattige Orte geeignet.

Stockrosen (*Alcea rosea*)

Silberblatt (Lunaria annua): gut für schattige Orte geeignet; lila Blüten und silbrige Samenscheidenwände.

Jungfer im Grünen (*Nigella damascena*): mit blauen Blüten und hübschen fedrigen Blättern. Liebt Sonne und sät sich selbst aus.

Ziertabak (*Nicotiana sylvestris*)

Eisenkraut (*Verbena bonariensis*): hohe Pflanze mit violetten Blüten, Bienenweide; bevorzugt Sonne, sät sich selbst aus. Verleiht einem vernachlässigten Kübel neuen Glanz.

Natternkopf (*Echium vulgare*): mit hohen blauen Blütenständen; Bienenweide, liebt Sonne.

Wie geht's?
SAMENBOMBEN BASTELN

Sie brauchen

geeignete Blumensamen (siehe „Die 10 besten Blumen für Samenbomben")

Tonpulver für Töpferei aus dem Bastelgeschäft

torffreie Erde, am besten vermischt mit reifem Kompost

Wasser

eine Schüssel

ein Backblech

30 Minuten

Wann?

Am besten im Frühling oder Herbst; idealerweise, wenn kräftiger Regen vorhergesagt wurde

So wird's gemacht

Vermischen Sie eine Handvoll Samen mit drei Handvoll Tonpulver und fünf Handvoll Erde in einer Schüssel. Geben Sie langsam und nach und nach Wasser dazu (die Mischung darf nicht zu klebrig werden) und verkneten Sie alles zu einer homogenen Masse, bis Sie daraus kastaniengroße Kugeln formen können. Die Kugeln sollten auf einer sonnigen Fensterbank für mindestens drei Stunden trocknen.

Tipp Prüfen Sie vor dem Abwerfen der Samenbomben, wie sonnig der Standort ist. Wählen Sie die Blumen entsprechend aus.

7

WERDEN SIE STRASSENGÄRTNER

Wem gehört eigentlich der Garten?

Vorgärten markieren die Grenze zwischen dem privaten und öffentlichen Bereich. In den USA gehören Vorgärten zum kulturellen Erbe; sie addieren sich dort zu einer Fläche von rund 130.000 Quadratkilometern. In Europa werden Vorgärten traditionell durch Zäune oder Sichtschutzhecken abgetrennt. Doch eine neue Generation von Straßengärtnern will diese Grenzen auflockern. Sie sehen den schmalen Streifen zwischen Haustür und Straße als gute Gelegenheit, Passanten zu erfreuen. Ob 300 Tulpenzwiebeln, eine Reihe Tomaten, die zum Pflücken einlädt, oder eine originelle Schnitthecke, die wie eine Elefantenherde geformt wurde – sie machen städtische Straßen farbiger, freundlicher und einladender.

RURBANITE: Naomi Schillinger, Straßengärtnerin in London

Nicht alle Straßengärtner genießen den illegalen Ruch des Guerilla-Gärtnerns, der Samenbomben und heimlichen Umtriebe. Manche werden lieber im Tageslicht aktiv, begleitet von Kaffee und Kuchen. Naomi Schillinger langweilte der Blick auf den nackten, verfestigten Boden unter den Bäumen entlang ihrer Straße. Deshalb pflanzte sie Stockrosen, Wildblumen und Lavendel. Ihre Nachbarn stiegen mit ein und inzwischen quellen die Straßenränder über von bunten Blumen – und dies am Dreieck der lauten Holloway Road, einer Londoner Hauptverkehrsstraße. Manche der kleinen Beete sind formal angelegt, mit typischen Beetpflanzen, andere erinnern an Bauerngärten oder bieten ein fröhliches Durcheinander von Wildblumen. Die Nachbarn haben Patenschaften für Baumscheiben übernommen und pflegen sie wie einen eigenen Garten. Viele ließen sich animieren und haben auch ihre Vorgärten mit Gemüse, Stockrosen und Wildblumen bepflanzt. Aus einer langweiligen Wohnstraße mit gehetzten Passanten wurde eine freundliche Nachbarschaft, wo die Menschen auf ein Schwätzchen stehen bleiben. Regelmäßige Samentausch-Kaffeerunden sind Fixtermine im Kalender.

„Menschen wollen sich zugehörig fühlen."

„Menschen wollen sich zugehörig fühlen", erklärt Naomi. „Da ist das Bedürfnis, im städtischen Umfeld Teil einer Gemeinschaft zu sein, auf Du und Du mit anderen, um sich sicherer und glücklicher zu fühlen."

Für Naomi sind Baumscheiben eher Mini-Gärten als öffentliche Flächen. Die Bepflanzung soll Menschen unterhalten, sie zum Stehenbleiben und Schauen verführen. Eine Ligusterhecke in der Straße wurde in die Form einer Elefantenherde beschnitten. „Manchmal pflanze ich einen Blumenkohl oder Weißkohl. Wegen der Hunde kann man sie nicht essen, aber die Kinder unterhalten sich gern darüber. Sie sehen fantastisch aus." Ein Stück die Straße hinauf hat Naomi eine Wildblumenwiese in einen leeren Vorgarten gesät. Auf einer öden Fläche vor einem Bürogebäude an der hektischen, grauen Holloway Road pflanzte sie 300 Tulpenzwiebeln, um „der Straße etwas zu geben". Sie pflanzt wegen des Überraschungsmoments – als kleine Freude für jeden Passanten.

Naomis Tipps für Baumscheiben

Graben Sie vorsichtig, um die Wurzeln neu gepflanzter Bäume nicht zu verletzen; auf im Boden verlegte Kabel achten.

Versuchen Sie, falls möglich, die Baumscheibe einzufassen, und füllen Sie zusätzliche Erde auf. Mit Gartenerde vermischter Kompost ist ideal. Lassen Sie aber den Bereich direkt um den Baumstamm frei; dort könnte frische Erde zu Fäulnispilzen am Stamm führen.

Junge Bäume sind empfindlich; pflanzen Sie nur Zwiebeln, kleine Einjährige oder flach wurzelnde Stauden, die wenig Wasser brauchen. Ältere Bäume dulden auch größere Stauden. Grundsätzlich sollten 30 cm um den Stamm frei bleiben.

PROJEKT

Wie geht's? EINE BAUMSCHEIBE MIT FRÜHLINGSBLÜHERN

Frühlingszwiebelblumen sind der einfachste Weg, um eine langweilige Baumscheibe aufzuhübschen. Der Boden braucht keine besondere Vorbereitung – noch nicht einmal Unkrautjäten, denn die Triebe schieben sich durch die Pflanzendecke. Sie können verschiedene Zwiebelblumen kombinieren, aber die größte Wirkung erzielen Sie mit einer einzigen Sorte.

Sie brauchen

eine Pflanzschaufel oder einen Zwiebelpflanzer

rund 30 Zwiebeln bzw. Knollen von Frühblühern wie Schachbrettblumen, Schneeglöckchen, Hundszahn, Krokussen, Traubenhyazinthen, Winterlingen, Hasenglöckchen oder Tulpen

30 Minuten

Wann?

Zwischen Früh- und Spätherbst

So wird's gemacht

Graben Sie für jede Zwiebel ein Loch; Vorsicht, nicht die Baumwurzeln beschädigen. Für die Pflanzlochtiefe gilt die Faustregel: drei- bis viermal so tief wie die Zwiebel hoch ist. Füllen Sie die Löcher zum Schluss mit Erde auf.

Tipp Übernehmen Sie die Patenschaft für neu gepflanzte Straßenbäume, indem Sie diese gießen. Oft werden sie mit einem Bewässerungsrohr gepflanzt; gießen Sie anfangs wöchentlich rund 5 Liter Wasser hinein.

EINE IMPOSANTE BAUMSCHEIBE

Diese üppige Zusammenstellung wird Passanten zum Stehenbleiben anregen. Obwohl einige der Blumen recht hoch werden, haben alle flache Wurzeln, die dem Baum nicht schaden. Ideal sind Baumscheiben mit einem einfassenden Gitterzaun, an dem Sie die hohen Blumen festbinden können.

Sie brauchen

1 Schmuckkörbchen, hohe Sorte

2 Sonnenblumen

1 Stockrose, am besten eine Sorte mit einfachen Blüten

eine Grabegabel

eine Pflanzschaufel

Wann?

Im Frühling

So wird's gemacht

Lockern Sie verfestigten Boden vorsichtig mit der Grabegabel; Steine und Müll entfernen. Graben Sie die Löcher für die Pflanzen; halten Sie mindestens 30 cm Abstand zum Stamm. Die Erde fest andrücken und gut gießen.

DIE BESTEN PFLANZEN FÜR BAUMSCHEIBEN

IN DER SONNE

Argentinisches Eisenkraut (*Verbena bonariensis*)
Fetthenne (*Sedum spectabile*)
Jungfer im Grünen (*Nigella*)
Lavendel
Oregano
Schmuckkörbchen (*Cosmos*)
Sonnenblume
Stockrose (*Alcea*)
Thymian
Wiesenmargerite
Zierlauch
Einjährige Wildblumenmischung (z. B. Klatschmohn, Kornblumen, Ringelblumen)

FARBE IM FRÜHLING

Krokusse (am besten großflächig)
Narzissen wie 'Tete a Tete'
Primeln
Schneeglöckchen
Traubenhyazinthen
Tulpen

IM SCHATTEN

Fingerhut
Hasenglöckchen
Silberblatt (*Lunaria annua*)
Tüpfelfarne (*Polypodium*)
Veilchen
Ziertabak (*Nicotiana sylvestris*)
Waldblumenmischung

Tipp Jede öffentliche Pflanzfläche in der Stadt kann unter achtlosen Fußgängern und Hunden oder gar Vandalismus leiden. Wenn Sie sich Kummer ersparen möchten, konzentrieren Sie Ihr gärtnerisches Engagement bevorzugt auf ruhigere Wohnstraßen und ausgesuchte Stellen. Wenn auch manche Nachbarn nach den Pflanzen sehen und beim Gießen helfen, gelingt das Ganze am besten.

Wie geht's? VOM VORGARTEN ZUR WILDBLUMENWIESE

Können Sie Ihrer Straße ein schöneres Geschenk machen, als Ihren Vorgarten in eine bunt blühende Wiese zu verwandeln? Lebhafte Wiesenblumenmischungen sorgen für Furore. Sie enthalten oft eine Zusammenstellung aus heimischen und nicht heimischen Wildblumen, um eine optimale Wirkung zu erzielen, mit Blüten bis in den Spätherbst hinein – denn heimische Arten blühen meist nur bis zum Hochsommer. Solche Mischungen enthalten etwa Klatschmohn, Leinkraut, Ringelblumen und Lerchensporn, aber keine Grassamen. Da es sich um Einjährige handelt, muss die Wiese jährlich nachgesät werden. Wenn Sie eine dauerhaftere Blumenwiese wünschen, lesen Sie S. 112 („Eine Wildblumenwiese mit Stauden").

Sie brauchen

ein Stück Rasen oder einen Fleck nackten Bodens von beliebiger Größe (3 m² genügen schon für eine farbenfreudige Wiese und der Aufwand bleibt überschaubar)

eine „malerische" Wildblumenmischung" aus dem Fachhandel oder Internet

ein Maßband

eine Küchenwaage

Sand

Bambusstäbe (optional)

eine Grabegabel

ein Spaten (mit möglichst scharfem, geradem Blatt)

einen Rechen

2 Stunden für die Bodenvorbereitung – dann 3 Wochen Pause – 15 Minuten für die Aussaat

Wann?

Im Frühling

Tipp Wenn Sie keine Zeit (oder Lust) haben, drei Wochen zu warten, können Sie auch sofort säen. Doch dann wird eventuell die Blütenpracht durch Unkräuter wie Gräser, Disteln, Löwenzahn und Giersch eingeschränkt – vor allem Giersch und Quecke könnten sogar die Blumen verdrängen.

So wird's gemacht

Wenn Sie einen Rasen in eine Blumenwiese verwandeln möchten, markieren Sie die Fläche mit ausgestreutem Sand oder Bambusstäben. Stechen Sie die Grassoden mit dem Spaten ab: 3 cm tief einstechen und dann das Blatt möglichst gerade unter die Graswurzeln schieben. Kurze Hin- und Herbewegungen sind dabei effektiver als festes Drücken. Legen Sie die Soden beiseite, mit dem Gras nach unten, und decken Sie einen Teppich oder schwarze Plastikfolie darüber. Nach sechs Monaten haben sich die Grassoden in beste Erde verwandelt, die Sie in die Beete einarbeiten können. Wenn Sie in nackten Boden säen, entfällt natürlich dieser Schritt.

Graben Sie nun die geplante Fläche mit der Grabegabel um; entfernen Sie Steine und Wurzeln und brechen Sie feste Schollen auseinander. Rechen Sie den Boden eben; ideal ist eine gleichmäßige Oberfläche ohne Klumpen.

Nun lassen Sie erst einmal die im Boden ruhenden Unkrautsamen auskeimen. Nach drei Wochen werden diese gründlich gejätet – dann ist es Zeit zum Säen.

Messen Sie die vorgesehene Fläche aus, um die nötige Samenmenge zu ermitteln. (Multiplizieren Sie die beiden Seitenlängen, um die Zahl der Quadratmeter zu erhalten). Ist der Umriss unregelmäßig, unterteilen Sie die Fläche grob in 1 m^2 große Abschnitte (mit Sand abstreuen). So lässt sich die Gesamtfläche – inklusive der unregelmäßigen Flecken an den Rändern – ziemlich gut abschätzen.

Für 1 m^2 brauchen Sie etwa 3 g der Blumensamenmischung; also für 3 m^2 beispielsweise 9 g Samen. Wiegen Sie die Samen mit der Küchenwaage ab und geben Sie die gleiche Menge Sand dazu. Der Sand dient als Markierung, damit Sie wissen, wo Sie bereits gesät haben, und hilft dabei, die Samen gleichmäßiger zu verteilen. Harken Sie die Samen mit dem Rechen leicht ein, treten Sie die Fläche fest und gießen Sie gründlich an.

Wie geht's weiter?

Nach dem Anwachsen der Blumen müssen Sie die Wiese nur noch bei anhaltender Trockenheit gießen. Im Spätherbst, nachdem alles verblüht ist, schneiden Sie die welken Stängel weg. Im nächsten Frühling können Sie dann den Boden für eine neue Wiesensaat vorbereiten.

Mehr Ideen für eine schönere Straße

Bitten Sie Ihre Stadtverwaltung, Bäume entlang der Straße zu pflanzen. Vielleicht können Sie die Zuständigen sogar zum Pflanzen von Obstbäumen überreden – für die gemeinsame Ernte der Anlieger. Schneiden Sie Ihre Hecke zu auffallenden Figuren: Elefanten, Eisenbahn, das Monster von Loch Ness – alles, was Leute zum Lächeln bringt. Ziehen Sie an Ihrem Zaun attraktive Nutzpflanzen, wie Tomaten, Kürbisse oder Stangenbohnen. Das lädt zum Stehenbleiben und Unterhalten ein – und wenn sich jemand etwas pflückt, was soll's? Vielleicht regt das ja andere zur selben Idee an.

Für eine lebendige Umwelt

Bei Balkonen und Hofgärtchen denkt man nicht unbedingt an „Naturräume“, doch Städte bieten erstaunlich gute Bedingungen für Wildtiere. Es müssen nicht die Füchse sein, die in manchen Städten abends über die Straßen laufen; ein mutiges Eichhörnchen, das ein Vogelhäuschen im Garten ausräumt, tut’s auch. Städte sind längst nicht nur Betondschungel, sondern bieten auch ökologische Nischen für viele Wildtiere, von Vögeln bis hin zu Insekten.

Ländliche Gegenden sind „gut“ für die Natur, städtische Bereiche „schlecht“ – das ist ein überkommenes Trugbild. In Großbritannien gingen seit dem Zweiten Weltkrieg 97% der Wildblumenwiesen verloren – früher wichtige Lebensräume für Bienen und andere bestäubende Insekten. Zwischen 1970 und 2000 reduzierte sich die natürliche Artenvielfalt in den Agrarlandschaften Europas um 23%. In den USA sind 30 % der natürlichen Flora vom Aussterben bedroht. Mittlerweile gelten städtische Brachflächen, wie ehemalige Gewerbegebiete, als Rettungsinseln für bedrohte Arten, von Kröten und Schlangen bis zu Singdrosseln, Igeln und seltenen Bienen. Es klingt wie Ironie, aber heute finden Sie auf dem verwilderten Brachland unter einer Eisenbahnbrücke vermutlich eine größere Insekten- und Pflanzenvielfalt als auf Ackerland, wo regelmäßig Pestizide eingesetzt werden.

Die Biodiversität in der Stadt ist aber keine Selbstverständlichkeit. Die Großstädte ziehen immer mehr Bewohner an, Grün- und Brachflächen weichen neuen Wohnanlagen. Zudem werden Vorgärten zugepflastert, um Autos abzustellen, und Gärten hinterm Haus wegen Anbauten verkleinert. Jahr für Jahr gehen in London für Baumaßnahmen Gartenflächen verloren, die dem Zweieinhalbfachen des Hyde-Parks entsprechen. So wird es wichtiger als je zuvor, Plätze für Wildtiere zu reservieren. Nicht nur die Tiere brauchen uns, auch wir brauchen sie in unserem naturfernen, technisierten Leben.

Je mehr unser Umfeld menschengemacht und „künstlich“ ist, desto kostbarer werden kleine Naturlebnisse: ein Schmetterling, der auf einer Fetthenne landet, eine Spinne, die ihr Netz in einer Ampel webt... Die Menschheit lebt seit Hunderttausenden von Jahren auf dieser Erde, aber erst seit einigen Jahrhunderten in Städten. Es ist kaum überraschend, dass wir uns nach der Nähe zur Natur sehnen.

Betrachten Sie Grünflächen vor der Haustür, Ihren Garten, Balkon oder Hof als Mini-Naturschutzgebiete und Sie werden mehr von Insekten und Vögeln mitbekommen, als Sie für möglich hielten. Hier nun einige Ideen, wie Sie mehr Natur in Ihr Leben holen können ...

Drei wichtige Schritte hin zu mehr Natur ...

Einen Teil des Rasens wachsen lassen (siehe S. 104)

Einen Teich anlegen (siehe S. 96)

Nektarreiche Blumen pflanzen (siehe S. 101)

RURBANITE: Keith Reynolds, Balkon-Naturgärtner in Manchester

Keith Reynolds' Balkon in Hulme (Manchester) beweist auf nur 1,40 x 2 m, dass ein Naturgarten nicht groß sein muss: Marienkäfer, Bienen, Solitärwespen, Raupen und Schmetterlinge fühlen sich in seinem Mini-Naturschutzgebiet wohl. Sie mögen die Wildblumen, die dicht an dicht in Eimern wachsen: Knoblauchrauke, einjährige Ackerblumen, Minzen und Wiesenschaumkraut – dazu Frühblüher, wie Krokusse und Hasenglöckchen. Auf dem Geländer steht ein Vogelbad aus einer alten Kasserolle und der umgedrehte Deckel einer Mülltonne reicht ihm als Mini-Wildblumenwiese, mit Gewöhnlichem Hornklee als Bienenmagnet. Ein immergrünes, kletterndes Geißblatt spendet den Bienen Nektar und den Vögeln Schutz und Beeren.

„Es verwandelt einen toten, sterilen Raum in etwas Lebendiges und Interessantes."

Keith's Balkon ist eine Ausnahmeerscheinung in seinem Wohnblock. Die anderen Balkone sind kaum bepflanzt, unten gibt es statt Gärten nur Kiesflächen. Anfangs blieben seine Vogelhäuschen unbesucht. Keith setzte durch, dass Wildäpfel gepflanzt wurden. Mittlerweile locken diese und sein grüner Balkon regelmäßig Gäste wie Tannenmeisen, Kohlmeisen, Rotkehlchen und Tauben an. Da der Balkon auf der ersten Etage ziemlich windig ist, hat Keith als Windschutz Weidenmatten am Geländer angebracht. Die übrigen Weidenmatten rollte er als „Hotels" für Bienen zusammen und hing sie in der Sonne auf. Letztes Jahr sah er zum ersten Mal, dass Solitärbienen die Enden hohler Stängel mit Lehm versiegelt hatten – darin lagen ihre Eier. In eine pilzförmige Dekofigur aus Holz bohrte er verschieden große Löcher, um weitere Bienen, Solitärwespen und Schwebfliegen zum Nisten einzuladen.

Dies ist ein Naturgarten in Nahaufnahme. Keith, der früher einen großen Garten hatte, kennt jeden Zentimeter seines Balkons und notiert sich jeden Neuankömmling. „In einem großen Garten verpasst man vieles, weil man nicht genau hinsieht. Hier nehme ich ein Blatt in die Hand und entdecke, dass sich darin eine Larve einspinnt. Ich konnte zusehen, wie sich eine Lehmwespe eine Raupe schnappte." Er beobachtet regelmäßig Mäuse, die über die Wände hochklettern, um sich die Früchte seiner Kapuzinerkresse zu holen, und freut sich über weiße Schmetterlinge auf den Blättern.

„Mich interessiert die Biodiversität; ich begrüße die Natur an meiner Türschwelle, statt sie zu verdrängen. Ich liebe es, auf dem Balkon zu frühstücken und den Bienen und Schmetterlingen zuzusehen, die dasselbe machen."

Sei nett zu den Brennnesseln
Ein Topf mit stacheligen Brennnesseln auf Balkon oder Terrasse mag kurios erscheinen, aber es gibt nichts Besseres, um Wildtiere anzulocken – 40 Insektenarten sind auf Brennnesseln angewiesen! Sorgen Sie sich nicht wegen der Blattläuse, die sich darauf einstellen: Sie sind wirtsspezifisch, lassen andere Pflanzen in Ruhe und dienen Marienkäfern als Nahrung. Die Raupen des Roten Admirals, Schwalbenschwanzes, Kleinen Fuchses und C-Falters ernähren sich von den Blättern. Wenn Sie geschnittenes Brennnesselkraut ein paar Wochen in Wasser stehen lassen, ergibt das einen guten Flüssigdünger. Sogar essen kann man Brennnesseln – als Gemüse oder in einer Suppe (siehe S. 129).

Korridore für Wildtiere
Wir sind uns der Grenzen unseres kleinen Gartens, Balkons oder der Dachterrasse überdeutlich bewusst – sie markieren unser Revier in der großen Stadt. Die Wildtiere sehen das ganz anders: Frösche, Igel, Mäuse, Vögel, Bienen und andere Insekten bewegen sich durch Gärten, als wären es Trittsteine auf dem Weg zu einem anderen Ziel. Sie halten nur an, um etwas zu fressen, zu trinken oder sich auszuruhen. Blumenkästen eignen sich bestens als Ruheplätze für Bienen und Schmetterlinge. Betrachten Sie das Grün in Ihrer Umgebung als Korridore, die zu anderen Gärten, Parks und Brachen führen – das hilft, das Naturleben in der Stadt besser zu verstehen.

Breschen in die Mauern
Eine dichte Umfriedung ist wie eine „Berliner Mauer“ für die Tiere – eine undurchdringliche Barriere, die sie nicht überwinden können. Wenn Ihr Garten durch eine solche Mauer gesichert ist, graben Sie den Tieren möglichst einige Fluchttunnel darunter (je etwa 12 cm im Quadrat). Bevorzugen Sie offene Lattenzäune, wenn Sie eine neue Einfriedung planen.

Wie geht's?

EINE BLUMENWIESE IM DECKEL EINER MÜLLTONNE

Wenn Ihnen nur eine kleine Fläche wie ein Stadtbalkon zur Verfügung steht, ist das eine tolle Möglichkeit, sonnenliebende Pflanzen unterzubringen, z. B. Klatschmohn, Ringelblumen, Kornblumen, Kornraden, Kamille und Gewöhnlichen Hornklee. Auf einem Blumentopf liegt der umgedrehte Deckel ziemlich stabil. Bei sehr wenig Platz können Sie ihn etwas über dem Geländer vorstehen lassen. Jeder große, hohle Deckel eignet sich für diesen Zweck.

Sie brauchen

- einen großen Tonnendeckel aus Plastik oder Metall (je tiefer, desto besser)
- einen Bohrer
- wasserspeicherndes Granulat (optional)
- torffreie Pflanzerde
- Wildblumensamen; ideal sind fertige Mischungen mit Einjährigen für Farbe im ersten Jahr und Stauden, die sich nach und nach etablieren

Wann?

Zwischen Spätsommer und Herbstmitte oder im Frühling

So wird's gemacht

Bohren Sie mehrere Löcher mit mindestens 0,5 cm Durchmesser in den Deckel. Füllen Sie die Erde ein, am besten vermischt mit einer Handvoll wasserspeicherndem Granulat; gerade in flachen Behältern ist das praktisch, weil das Substrat sonst rasch austrocknet. Verteilen Sie die Samen auf der Oberfläche; mit dem Handballen festdrücken. Gut gießen und an einen sonnigen, geschützten Platz stellen.

Wie geht's?

EIN NATURTEICH IM TOPF

Wenn Sie die Natur in Ihren Stadtgarten locken möchten, legen Sie einen Teich an. Wasserflächen wirken wie Magnete auf Wildtiere, von Libellen und Wasserläufern bis zu laichenden Fröschen; Bienen und Vögel kommen zum Trinken vorbei. Alles, was Sie brauchen, ist ein wasserdichter, frostfester Behälter und ein paar Teichpflanzen – die Tiere kommen von selbst. Das geht auch im Obergeschoss oder auf dem Dach. Frösche werden dort allerdings kaum auftauchen, da sie keine Hochkletterer sind.

Sie brauchen

ein wasserdichtes, frostfestes Gefäß, breiter als hoch, etwa 60 x 80 cm; ideal sind verzinkte Wannen, wie sie in Trödelläden oder -märkten angeboten werden

etwa 7 Teichpflanzen; einige, die unter Wasser Sauerstoff erzeugen, schwimmende Arten und einige, die aus dem Wasser ragen; z. B.:

1 Handvoll Hornblattpflanzen

1 Handvoll Wassersterne

1 Sumpfvergissmeinnicht

1 Sumpfdotterblume

1 Bachbunge

1 Pfeilkraut

1 Wollgras

Steine, Ziegelsteine oder Blumentöpfe, um die Pflanzen in die korrekte Wassertiefe zu setzen; und als Zugang für Wildtiere

30 Minuten

Wann?

Zeitiges Frühjahr bis Mitte Herbst

So wird's gemacht

Füllen Sie den Behälter mit Wasser, am besten Regenwasser. Geben Sie die Sauerstoff produzierenden und Schwimmpflanzen (im Beispiel Hornblatt und Wassersterne) direkt ins Wasser. Dann stellen Sie die anderen Pflanzen mit ihren Töpfen ins Wasser. Wenn sie nicht bereits in Gittertöpfen verkauft werden, gehören Wasserpflanzen in spezielle Teichtöpfe (aus dem Gartencenter). Stellen Sie die Töpfe auf Ziegelsteine oder umgekehrte Blumentöpfe, um sie in die jeweils empfohlene Wassertiefe zu bringen. Frösche und Kröten finden nur hinein, wenn Sie innen und außen Trittsteine aufschichten. Auch Vögel oder Bienen, die zum Trinken kommen, brauchen einen Steg, um sicher zu landen – ein großer Stein, der oben aus dem Wasser schaut, ist ideal.

Tipp Es schadet nichts, wenn der Teich im Winter oberflächlich zufriert, allerdings darf er nicht komplett zum Eisblock werden. Lassen Sie einen Pingpongball oder Styroporkugeln im Wasser schwimmen; die Bewegung erschwert das Zufrieren.

Tipp Die Sauerstoff produzierenden Pflanzen klären das Wasser. Machen sich dennoch Algen breit, geben Sie Haferstrohextrakt (Drogerie, Apotheke) ins Wasser oder pflanzen Sie Brunnenkresse in den Teich. Die Brunnenkresse bewurzelt sich und bildet Sauerstoff, muss allerdings gelegentlich geerntet werden, damit sie nicht überhandnimmt.

3 weitere Tipps, um Wildtiere zu fördern

Verzichten Sie auf Insektizide; sie töten teils auch Schmetterlinge und bestäubende Insekten, dazu Marienkäfer, Laufkäfer und Spinnen. Wenn sich Blattläuse auf einer Pflanze versammeln, dauert es nicht lange, bis sich Marienkäfer einstellen und unter ihnen aufräumen. Verwenden Sie nur Bio-Schneckenkorn (mit Eisen-Phosphaten, die für andere Tiere unschädlich sind).

Pflanzen Sie für die Vögel Sträucher und Blumen, deren Beeren und Samenstände Nahrung bieten (siehe S. 114–115).

Warten Sie mit dem Aufräumen bis Mitte des Frühlings. Die Vögel picken noch die Samen aus den Fruchtständen und unter abgestorbenem Laub verstecken sich Insekten, Mäuse, Frösche, Igel und Kröten.

PFLANZEN FÜR DIE BIENEN

Pflanzen Sie Blumen und die Bienen kommen; selbst mitten in der Stadt auf dem Balkon oder Dachgarten. Eine gesunde Bienenpopulation ist weltweit unentbehrlich für die Bestäubung unzähliger Pflanzen, inklusive Nutzpflanzen – und damit auch überlebenswichtig für die Menschheit. Vielfältig bepflanzte Städte bieten Bienen hervorragende Lebensräume, da vom zeitigen Frühjahr bis zum Spätherbst immer etwas blüht.

Tragischerweise wird schon länger ein weltweites Bienensterben beobachtet. Dabei hat sich herausgestellt, dass eine Gruppe von Insektiziden, die in der Landwirtschaft gespritzt wird (Neonicotinoide), mitverantwortlich ist. Diese Insektizide werden in Europa und in den USA (dort auf 99,8% der Maisanbauflächen) eingesetzt. Es sind äußerst wirkungsvolle Nervengifte, die Schadinsekten töten. Inzwischen ist klar, dass Neonicotinoide auch Bienen schädigen; sie beeinträchtigen deren Navigation und die Entstehung neuer Königinnen. Mittlerweile hat die EU – vorläufig – einige dieser Mittel verboten. Da solche Insektengifte in den Städten nicht gespritzt werden, sind sie zu Refugien für Bienen geworden. Dazu tragen auch die städtischen Hobby-Imker bei (siehe „Bienen halten“, S. 158).

Doch Sie müssen nicht gleich in Zubehör für die Imkerei investieren. Auch die wilden Solitärbienen, die nicht in Stöcken brüten, sondern ihre Eier in hohle Stängel legen, bestäuben Blüten. Hummeln bauen ihre Nester in alten Mauselöchern und anderen trockenen Höhlen. Sie sind ebenfalls wichtige Bestäuber und auf unsere Hilfe angewiesen, da immer mehr Hummelarten aussterben. Nachfolgend einige Hinweise, wie Sie Solitärbienen und Hummeln unterstützen können ...

PROJEKT

EIN HOTEL FÜR SOLITÄRBIENEN

Die kleinen, häufig schwarzen Solitärbienen entsprechen nicht unbedingt dem Bild der klassischen Honigbiene, aber sie sind die stillen Helden der Bienenwelt. Tatsächlich stellen die Solitärbienen weltweit etwa 90 % aller Bienenarten. Während die Honigbienen gepriesen werden und Hummeln zumindest als hübsch gelten, machen die unauffälligen Solitärbienen ihre Arbeit im Stillen: Sie bestäuben die Blüten der Blumen und Obstbäume und das erstaunlich effizient. Eine einzige Mauerbiene erledigt die Arbeit von zwölf Honigbienen. Die Arten müssen Sie allerdings nicht unterscheiden können: Allein in Europa gibt es über 250 verschiedene Solitärbienen.

Während Honigbienen in Stöcken und Hummeln in Erdnestern leben, legen die Solitärbienen ihre Eier in totem Holz oder hohlen Stängeln ab. Passende Bedingungen schaffen Holzkisten und hohle Stängel von Bambus, Brombeeren, Himbeeren, Holunder und Karden sowie angebohrte Holzklötze. Damit können Sie auch Blattschneiderbienen, Florfliegen und Marienkäfer anlocken, die nach Schutz oder Nistplätzen suchen.

Solch ein „Bienenhotel“ muss nicht unbedingt in einer Kiste angelegt werden; Sie können einfach ein paar hohle Stängel bündeln und in Spalten oder zwischen Blumenkästen stecken.

Sie brauchen

eine Weinkiste aus Holz; auch alte Schubladen oder eine selbst gebaute Kiste erfüllen ihren Zweck

2 bis 3 Holzklötze (das Holz darf nicht mit Schutzmitteln behandelt worden sein)

zahlreiche hohle Stängel, z. B. von Brombeeren, Himbeeren, Holunder, Karden, Schmuckkörbchen, Rosen; auch Bambus- und Schilfmatten sind geeignet

eine Säge

eine Astschere

Gartenschnur

Schmirgelpapier

eine Bohrmaschine und Bohrer von 2–10 mm Durchmesser

ein Stück Teichfolie oder feste Plastikfolie, die etwas größer sein muss als die offene Seite der Kiste

Heftzwecken oder einen Tacker

stabile Schraubösen, Nägel, Schrauben und kräftiger Draht (falls die Kiste an der Wand hängen soll)

etwa 3 Stunden

Wann?

Jederzeit, auch wenn Bienen erst gegen Sommerende nach einem Nistplatz suchen.

So wird's gemacht

Sägen Sie Stängel und Holzklötze etwas kürzer als die Kiste. Bambus wird unterhalb eines Knotens abgesägt, damit eine lange, hohle Röhre frei bleibt. Schilf- und Bambusmatten werden zusammengerollt und auf die passende Länge geschnitten. Packen Sie Stäbe und Holzklötze abwechselnd und dicht in die Kiste. Bohren Sie dann Löcher in verschiedenen Größen (2–10 mm) in die Klötze. Die Folie wird mit Reißzwecken oder Tacker auf dem Dach der Kiste befestigt und dann der Überstand bis auf ein kurzes Vordach abgeschnitten.

Wohin damit?

Stellen Sie das „Hotel" mit der offenen Seite nach Süden oder Südosten. Am sichersten steht die schwere Kiste auf einer Mauer, einem Schuppen oder Regal. Legen Sie Ziegelsteine oder Hölzer unter, damit kein Regenwasser in die Kiste spritzt, und neigen Sie die vordere Oberkante etwas nach vorn, damit kein Regen hineinläuft.

Halten Sie beim Aufhängen an einer Wand oder einem Zaun mindestens 1 m Abstand zum Boden und achten Sie darauf, dass der Zugang nicht durch Blätter verdeckt wird. Schrauben Sie die Schraubösen ans obere Ende der Kiste, ziehen den Draht durch und hängen Sie die Konstruktion an einem stabilen Haken oder Nagel auf.

Wie geht's weiter?

Ab dem Frühsommer stellen sich die ersten Mauerbienen ein. Sie legen mehrere Kammern pro Hohlraum an, legen je ein Ei sowie Pollen hinein und verschließen den Eingang mit Lehm. Später im Sommer erscheinen die Blattschneiderbienen. Sie schneiden Blattstückchen aus Wildrosenblättern aus und verkleiden damit die Löcher; damit verschließen sie auch den Eingang. Im Hochsommer suchen sich die Scherenbienen die kleinsten Löcher aus. Auch Marienkäfer und Florfliegen finden sich ein.

Solange es nicht feucht wird, kann das „Hotel" den ganzen Winter über draußen bleiben. Die Folie auf dem Dach hält das Innere meist trocken; wenn aber der Regen zu heftig wird, können Sie den Kasten über Herbst und Winter auch an einen kühlen und trockenen Ort stellen – ein Gartenhaus wäre ideal.

PROJECKT

Wie geht's?

EIN NISTPLATZ FÜR HUMMELN

Im Frühling kommt es öfter vor, dass sich Hummelköniginnen ins Haus verirren, langsam umherfliegen und in Ecken oder sogar Taschen verschwinden – sie suchen nach einem Nistplatz. Draußen finden sie ihn gewöhnlich in einem alten Mauseloch oder am Fuß einer struppigen Hecke. Hummeln ohne Pollen an den Hinterbeinen haben noch keinen guten Ort gefunden. Da können Sie nachhelfen …

Sie brauchen

einen Garten

eine Steinplatte (etwa 50 x 50 cm ist ideal)

eine Schaufel oder Pflanzschaufel

Kaninchendraht (ein 30 x 30 cm großes Stück)

Kleintierstreu (gibt's in Zoomärkten); falls Sie einen Hamster haben, nehmen Sie gebrauchte Streu: der Duft lockt Hummeln an

Bambusrohr (mit rund 2 cm Durchmesser)

30 Minuten

Wann?

Jederzeit; auch wenn Hummeln erst ab Spätwinter bis Mitte Frühling nach einem Nistplatz suchen

So wird's gemacht

Suchen Sie nach einem möglichst ungestörten Plätzchen, das nicht direkt in der Sonne liegt. Ideal wäre eine Stelle an einer Hecke, Zaun oder Mauer. Graben Sie ein 15 cm tiefes und 30 cm breites Loch. Knüllen Sie den Kaninchendraht in die Form eines Vogelnestes und stellen Sie es in das Loch hinein (verbessert die Durchlüftung und hält die Streu trocken). Legen Sie einige Handvoll Kleintierstreu in das Nest und decken Sie die Steinplatte darüber. Bohren Sie mit dem Bambusrohr einen Eingangstunnel unter die Platte bis zur Streu. Ziehen Sie den Bambus wieder heraus und hoffen Sie auf eine Hummelkönigin, die das Angebot annimmt.

Tipp Pflanzen Sie in Gruppen. Ein stattlicher Trupp Blumen derselben Art lockt Bienen und Schmetterlinge besser an als verstreute Pflänzchen. In Gruppen werden die Blüten von bestäubenden Insekten eher wahrgenommen.

Tipp Blumen ziehen an sonnigen Plätzen die meisten Bienen an.

Welche Blumen für Bienen?

Pflanzen Sie keine Blumen mit gefüllten Blüten. Solche überzüchteten Sorten mögen für Anhänger „perfekt“ gestylter Gärten reizvoll aussehen, locken aber keine Bienen an. Diese müssten sich bis zum Nektar und Pollen zwischen den zahlreichen Blütenblättern durchquetschen. Auch einjährige Beetblumen wie Pelargonien, Fleißige Lieschen und Begonien, die weder Nektar noch Pollen bilden, sind nutzlos für Bienen. Bevorzugen Sie traditionelle Bauerngartenblumen mit einfachen Blüten und heimische Wildpflanzen.

Bienen suchen fast ganzjährig nach Nektar. Immer mehr Stadtgärtnern fällt auf, dass die Bienen auch in den kältesten Monaten auf die Suche nach Blüten gehen.

8 FRÜHLINGSBLÜHER FÜR BIENEN

- Christrose (*Helleborus*)
- Erdbeere
- Krokusse
- Obstbaumblüten
- Rosmarin
- Traubenhyazinthe
- Veilchen
- Vergissmeinnicht

EIN FRÜHLINGS-KASTEN FÜR DIE KÖNIGIN

Der Frühling ist eine wichtige Zeit für Hummeln, denn jetzt erwachen die Königinnen aus der Winterruhe. Nur sie überleben den Winter und brauchen nun dringend Nektar. Wenn Sie den Königinnen helfen, helfen Sie zugleich den neuen Hummelvölkern. Da Hummeln im Unterschied zu den Honigbienen keine großen Honigvorräte anlegen, sind sie im zeitigen Frühling gefährdet. Ohne Nektar können sie nicht ausfliegen und würden sterben. Mit diesem hübschen Blumenkasten – mit reichlich Nektar und Pollen – greifen Sie den Hummeln kräftig unter die Flügel.

Sie brauchen

einen großen Blumenkasten (mindestens 60 cm lang und 20 cm tief)

torffreie Pflanzerde

2 Christrosen (z. B. Helleborus niger)

etwa 20 Traubenhyazinthen (Zwiebeln)

2 Töpfe mit Primeln bzw. Schlüsselblumen (*Primula vulgaris, P. elatior* oder *P. veris*)

Wann?

Im Herbst

So wird's gemacht

Füllen Sie den Blumenkasten mit Erde; setzen Sie die Christrose in die Mitte, die Schlüsselblumen an die beiden Enden. Die Traubenhyazinthen werden in die Lücken gesteckt (mit 5 cm Abstand und doppelt so tief, wie die Zwiebel hoch ist). Gut gießen und an einen sonnigen, geschützten Platz stellen. Wenn der Kasten nicht austrocknet, erscheinen die Blumen nächstes Jahr wieder.

8

BIENENBLUMEN FÜR DEN FRÜHSOMMER

Glockenblumen
Fingerhut
Himbeere
Puffbohne
Thymian
Natternkopf
Zierlauch
Ziest

BIENENBLUMEN FÜR DEN HOCHSOMMER

Borretsch
Brombeere
Fenchel
Lavendel
Oregano
Sonnenblume
Stangenbohne
Sterndolde

BIENENBLUMEN FÜR SPÄTSOMMER & HERBST

Argentinisches Eisenkraut (*Verbena bonariensis*)
Astern
Dahlien (einfache Blüten)
Elfenbeindistel (*Eryngium giganteum* 'Miss Wilmott's Ghost')
Fetthenne (*Sedum spectabile*)
Skabiose
Purpursonnenhut (*Echinacea*)
Sonnenhut (*Rudbeckia*)

BIENENBLUMEN FÜR DEN WINTER

Alpenveilchen
Christrose
Geißblatt, im Winter blühende Art
Schlüsselblumen
Schneeglöckchen
Seidelbast
Veilchen
Winterling

RUNDUMVERSORGUNG FÜR BIENEN

Dieses Projekt sieht nicht nur auf dem Balkon, im Hof oder auf der Dachterrasse fantastisch aus, es versorgt die Bienen aus einem einzigen Pflanzgefäß das ganze Jahr über mit Nektar und Pollen. Wenn Sie keine Zinkbadewanne finden, nehmen Sie einfach eine Wanne aus Kunststoff, einen Trog oder ein Halbfass.

Sie brauchen

ein großes Gefäß (eine alte Zinkbadewanne, Plastikwanne oder ein Halbfass), etwa 80 x 60 cm und mindestens 30 cm tief

1 Christrose

1 Kriechender Rosmarin (Rosmarinus prostratus)

15 Krokusse

1 Lavendel

1 kriechender Thymian

1 kriechender Oregano

1 Eisenkraut (Verbena bonariensis)

1 Fetthenne (Sedum spectabile)

torffreie Pflanzerde

40 Minuten

Wann?

Im Herbst

So wird's gemacht

Wenn das Gefäß noch keine Dränagelöcher im Boden hat, bohren Sie acht Löcher hinein. Füllen Sie den Kompost bis 10 cm unter den Rand ein. Rosmarin, Oregano und Thymian gehören an den Rand, damit die Triebe überhängen können, das Eisenkraut etwas in den Hintergrund. Verteilen Sie die Krokuszwiebeln und die übrigen Pflanzen in den Zwischenräumen. Füllen Sie bis fast unter den Rand mit Kompost auf; durchdringend wässern. Stellen Sie die Wanne an einen sonnigen, geschützten Platz.

Bienenfreundlicher Rasen

Lassen Sie zwischen Ende Juni und Anfang August ein Teilstück des Rasens ungemäht. Dann dürften sich Gewöhnlicher Hornklee und Rotklee ansiedeln. Beide Arten ziehen Bienen magnetisch an. Der Rasenschnitt darf nach dem Mähen nicht als Mulch liegen bleiben, damit der Boden langfristig an Nährstoffen verarmt – Wildblumen lieben es so. In ungemähtem Rasen fühlen sich auch andere Tiere wohl: Igel suchen im hohen Gras nach Nahrung und Schmetterlinge legen ihre Eier.

PFLANZEN FÜR EIN GRÜNES DACH

Für einen fliegenden Vogel sehen die Oberflächen einer Stadt wie ein Mosaik aus grauen und schwarzen Flächen aus: riesige Flächen aus Beton, Dachpappe, Blei, Dachziegeln und Glas. Sie heizen sich in der Sonne auf und das Regenwasser fließt durch die Dachrinnen direkt in die überlastete Kanalisation. Große Stadthäuser wirken wie Speicherheizungen; sie speichern die Sonnenwärme des Tages und geben sie nachts wieder ab. In der Tat sind Städte „Wärmeinseln" mit einer Lufttemperatur, die mehrere Grad höher ist als in ländlicher Umgebung. Damit steigt die Notwendigkeit für Klimaanlagen, die wiederum Energie verbrauchen.

Hausdächer können sogar für Überschwemmungen verantwortlich sein, weil das Wasser nach starken Regenfällen ungebremst in die Kanalisation fließt und sie zum Überlaufen bringt. In Städten wie New York, Washington D.C, Seattle oder London, deren Kanalisationen vor 1930 eingerichtet wurden, fließen Regenwasser und Abwässer gemeinsam in die Flüsse ab. Darunter leiden Wasserqualität und Fische. Schon nach 20 Minuten Sturzregen fließt das Wasser aus den Toiletten Brooklyns direkt ins Meer. Ungefähr 60-mal pro Jahr strömt ungeklärtes Wasser aus Londons Kanälen in die Themse, wird zum Gesundheitsrisiko und tötet die Fische – die viktorianischen Abwasserkanäle sind nicht auf große Wassermassen nach Starkregen eingerichtet. Nach einem besonders heftigen Regen (2004) flossen 600.000 Tonnen ungeklärtes Abwasser in die Themse und tötete 100.000 Fische.

Und nun stellen Sie sich vor, der Vogel flöge über grüne Dächer. Wenn in den Großstädten die Dachbegrünung stärker gefördert würde, wären die Gebäude kühler und die Kosten für die Klimaanlagen sänken um mindestens 10%. Nach einer neueren Untersuchung in den USA nähme die sommerliche Hitze in Queens um 84% ab, wenn alle Dächer mit *Sedum* bepflanzt wären. Grüne Dächer speichern Regenwasser. Etwa die Hälfte allen Niederschlagswassers flösse nicht unmittelbar in die Kanäle ab, sondern würde aus dem Boden oder über die Pflanzen an die Atmosphäre abgegeben. Grüne Dächer fungieren als Zwischenspeicher: Sie halten das Wasser nach Starkregen zunächst fest und geben es langsamer an die Kanäle ab. Das Umweltamt von Großbritannien sieht in der Dachbegrünung ein geeignetes Mittel, um die Sturzfluten nach Regen zu bändigen – ein Problem, das durch den Klimawandel immer akuter wird. Ein Plan sieht vor, möglichst viele der 2500 Hektar Dachflächen Londons zu begrünen.

Das sind aber keineswegs die einzigen Gründe für grüne Dächer in den Städten: Sie fördern die Biodiversität, die Erhaltung heimischer Tiere und Pflanzen. Eine Schweizer Studie fand auf einem grünen Dach in Basel 79 Käfer- und 40 Spinnenarten, 20 davon waren sehr selten. Wenn wir berücksichtigen, dass jede Stadt auf einem ehemals grünen Biotop steht, dann geben wir der Natur mit einem grünen Dach nur einige der verlorenen Lebensräume zurück – nur ein paar Stockwerke höher. Tatsächlich ist das Dach auf einem hohen Bürogebäude ein attraktiver Lebensraum für Wildtiere. Wer macht sich schon die Mühe, ein Spinnennetz auf der 25. Etage zu entfernen?

Wie geht's? EIN GRÜNES DACH AUF DEM GERÄTESCHUPPEN

Ein grünes Dach auf dem Gartenschuppen ist sicher kein entscheidender Beitrag, um die Wärmeinsel Stadt zu entschärfen. Aber schon eine kleine Fläche lockt Insekten an und reduziert das Oberflächenwasser. Außerdem sieht es ganz nebenbei noch wunderschön aus. Es kommt nicht darauf an, ob ein Schuppen, Gartenhaus, Fahrradschuppen, die Mülltonnenverkleidung oder ein Vogelhaus begrünt wird. In fast allen Gärten gibt es Holzkonstruktionen, die sich begrünen lassen. Danach blicken Sie nicht mehr auf langweiliges Grau-in-Grau, sondern auf eine bunt blühende Wiese im Wind, auf Margeriten oder leuchtend roten Klatschmohn. Und so geht's ...

Sie brauchen

Teichfolie, etwas größer als die Dachfläche

eine Wasserspeichermatte

Bretter für die Dachkante (15 cm breit für eine Wildblumenwiese; 10 cm für eine Bepflanzung mit *Sedum*; siehe „Welche Dachbegrünung?“, S. 108)

Dachlatten zur Verstärkung des Rahmens

eine Säge

ein Maßband

eine Schere

einen Bohrer

verzinkte Klammern (für Tacker)

verzinkte Schrauben

verzinkte Metallwinkel und Schrauben, um den Rahmen ans Dach zu schrauben (bei schrägen Dächern)

3 Stunden als Ungeübter; 1 Stunde als erfahrener Heimwerker

Wann?

Jederzeit

So wird's gemacht

Breiten Sie die Teichfolie auf dem Dach aus, sodass sie am Rand übersteht; an der Dachkante festtackern. Schneiden Sie überstehende Folie mit der Schere ab. Darüber breiten Sie die Wasser speichernde Folie aus und schneiden die Größe passend zurecht. Messen Sie die Dachfläche aus und konstruieren Sie aus den Brettern und Dachlatten einen genau passenden Rahmen. Verstärken Sie den Rahmen durch innere Verstrebungen aus Latten, sodass eine Art Gitter entsteht (in die Lücken wird gepflanzt). Setzen Sie den Rahmen auf das Dach.

Damit das überschüssige Wasser frei ablaufen kann, wird die tiefste Kante entweder mit Keilen um etwa 1 cm angehoben oder Dreiecke in das untere Rahmenbrett gesägt. Falls sich der Schuppen an eine Mauer oder Zaun lehnt, wird der Rahmen mit Metallwinkeln befestigt, damit er nicht abrutscht. Natürlich können Sie den Rahmen auch durch die Verstrebungen direkt ans Dach nageln.

Ist der Schuppen stabil genug?

Alle Bauwerke, die stabil genug sind, können ein grünes Dach bekommen; aber was ist stabil? Ein typisches grünes Dach wiegt immerhin 60–150 kg pro m². Kleine Flächen wie Vogelhäuser stellen kein Problem dar, doch ein Gartenhaus muss wahrscheinlich verstärkt werden. Sägen Sie passende Balken zurecht und klemmen Sie diese als Stützen in die inneren Ecken des Schuppens. Auch eine Sperrholzplatte, die mit verzinkten Schrauben auf das Dach geschraubt wird, verstärkt die tragende Fläche.

So wird ein grünes Dach bepflanzt

Der Gartenfachhandel oder Anbieter im Internet verkaufen spezielle Erde für Dachflächen. Dabei handelt es sich meist um Ziegelbruch oder Blähton, also leichtes Material ohne Nährstoffe. Sollten Sie keinen Anbieter finden, improvisieren Sie mit einer Mischung aus Perlite/Blähton und Kompost auf der Basis von Gartenerde im Verhältnis 50:50.

Decken Sie die Dränagelöcher mit Kieselsteinen, Scherben oder Styroporstücken ab, bevor sie das Dach befüllen, damit das Substrat die Löcher nicht verstopft. Wenn die Scherben in Gartenvlies eingewickelt werden, können sie nicht durch die Löcher gespült werden. Jetzt wird die Erde eingefüllt und das Dach bepflanzt.

Welche Dachbegrünung?

Planen Sie eine Wildblumenwiese oder eine glatte Fläche aus Fetthenne? Oder darf es sogar ein Erdbeerbeet in der Höhe sein? Die Entscheidung liegt natürlich bei Ihnen, hier ein paar Ideen...

Sedum (Mauerpfeffer, niedrige Fetthenne) ist die grüne Dachalternative zum Rasen.
Pro: Leicht zu bepflanzen, vielfach werden die Fetthennen bereits in Platten/Rollen geliefert, die nur ausgebreitet werden müssen. *Sedum* kommt mit 5–7 cm Substrat aus, braucht also nur einen flachen Rahmen. Die sukkulenten, „blasigen" Blätter bleiben ganzjährig stehen, ändern ihre Farbe aber von Grün nach Rot. Je nach Sorte hat *Sedum* gelbe, weiße und rosa Blüten, die Bienen lieben. Als Dürre-resistente Pflanze braucht eine einmal etablierte *Sedum*-Fläche kein Gießwasser mehr.
Kontra: Ästhetisch kann die Fetthenne nicht mit der bunten Blütenpracht einer Wiese mithalten.

Ein **Kräuter-Dach** funktioniert nur, wenn der Rahmen mindestens 15 cm tief ist und mit flach wurzelnden Arten bepflanzt wird. Ideal sind trockenheitsverträgliche Arten wie Thymian und Oregano. Solange sie regelmäßig gegossen werden, gedeihen auch Schnittlauch, Basilikum, Rucola und sogar Salat.

Pro: Neu, macht Spaß und ist auf kleinem Raum nützlich zugleich.
Kontra: Die Pflanzen müssen regelmäßig gegossen werden, selbst wenn sie sich etabliert haben, und man muss bei der Ernte schwindelfrei sein ...

Ein Dach als *Brache* simuliert die Vegetation einer verlassenen Ödfläche auf kleinem Raum. Vor dem Bepflanzen wird die Dachoberfläche zu einem abwechslungsreichen Relief aus Minitälern und Hügeln gestaltet, damit Vögel, Insekten und wirbellose Tiere sichere Verstecke finden. Sehen Sie kleine Pfützen vor, in denen sich das Regenwasser sammeln kann (Teichfolie, Schüssel oder umgedrehter Deckel). Legen Sie für nistende Tiere Holz, Ziegelsteine oder Taue aus. Die Wildblumen stellen sich von selbst ein, auch wenn es etwas dauern kann – Vögel und der Wind bringen die Samen mit.
Pro: Gut für die Biodiversität, es ist faszinierend, der Natur dabei zuzusehen, wie sie einen Lebensraum erobert. Geringer Pflegeaufwand.
Kontra: Bis sich die Pflanzen eingestellt haben, ist das Dach braun und nicht grün.

Mit einem *Wildblumen-Dach* fügt sich jedes Gebäude, sei es ein Fahrradschuppen mit Studentenblumen, Kornblumen und Margeriten oder ein Gartenhaus mit Natternkopf und Flockenblume, wunderbar in die Umgebung ein.
Pro: Eine großartige Möglichkeit, um Wildblumen in den Garten zu holen. Die Einjährigen (Klatschmohn, Saat-Wucherblumen und Margeriten) sind farbenfroh, in der Mischung mit Stauden auch langlebig. Gut für bestäubende Insekten und die Biodiversität.
Kontra: Der Blütenschmuck hält nicht ewig. Nach der Blüte von Hoch- bis Spätsommer sieht das Dach bis zum nächsten Frühling braun aus.

Luftig, bunt und wild

Soll es auf Ihrem Dach richtig wild und bunt zugehen? Hier sind ein paar Ideen für sonnige und schattige Dächer ...

Frühlingsgrün
Auf sonnigen Dächern lassen sich die Bienen früh im Jahr mit Wiesenprimeln, Zwergnarzissen, Krokussen und Traubenhyazinthen anlocken, die das Dach mit blauen Flächen schmücken. Auf einem schattigeren Dach zaubern die zierlichen, tiefblauen Hundsveilchen, Hexenkraut, Blauglöckchen, Hohe und Gelbe Schlüsselblume eine Waldatmosphäre, während die Rote Lichtnelke mit zierlichen rosa Blüten über die Pflanzen des Waldbodens wacht.

Ganz große Show
Blutroter Klatschmohn, gelbe Saat-Wucherblume, Wiesensalbei und Natternkopf setzen leuchtende Farbakzente auf einem Sonnendach. Dagegen ziehen die hinfälligen, hellgelben Blüten der Nachtkerze Motten magisch an. Im Spätsommer beherrschen die Königskerzen mit gelben Blüten in hohen Blütenständen und filzigen Blättern jedes Dach. Im Schatten stielt die Akelei allen anderen die Schau: exquisite violettblaue Blüten an zierlich geneigten Stielen. Später blüht der Scheinmohn mit hübschen, leuchtend gelben Blüten.

Dicht gesponnen
Als verbindendes Element für die Wildblumen brauchen Sie einige Pflanzen mit drahtigen Stängeln, deren üppig, dichter Wuchs die Blumen stützt und der Wiese mehr Fülle verleiht. Diesen Zweck erfüllen beispielsweise Margeriten, Schafgarbe, Herbst-Löwenzahn, Rote Spornblume oder Berufkraut. Pflanzen Sie auf schattige Dächer besser die Große Sternmiere mit dünnen Stängeln und zahllosen weißen, sternförmigen Blüten, die monatelang blüht.

Niedrig kriechend
Jedes grüne Dach braucht Bodendecker und ein paar Arten, um die Kanten zu brechen. Pflanzen Sie auf sonnige Dächer Scharfen Mauerpfeffer, wilden Thymian, Weißklee, Kamille, wilde Erdbeeren, Gewöhnlichen Hornklee oder Duftsteinrich. Im Schatten sorgen die rosa Blüten des Ruprechtskrautes und das weiß blühende Erdbeer-Fingerkraut für Farbtupfer.

Wildblumen-Samen für das Dach sammeln

Wenn Wildblumen in ihrer Nähe blühen, warum gehen Sie nicht raus und sammeln die Samen? Solange Sie nur ein paar Samen von häufigen Arten für das grüne Dach mitnehmen, richten Sie keinen Schaden an (siehe „Samen sammeln und lagern“, S. 63).

Wie geht's? EIN GRÜNES DACH FÜRS VOGELHAUS

Wenn Ihnen das begrünte Schuppendach zu aufwändig erscheint, gönnen Sie einfach dem Vogelhaus einen grünen Überzug. Es sieht interessant aus und die Bienen mögen die weißen Blüten.

Sie brauchen

eine Holzlatte

eine Teichfolie oder stabile Mülltüte

eine Wassermatte (mindestens doppelt so groß wie die Dachfläche)

eine Säge

eine Bohrmaschine

verzinkte Klammern (für den Tacker)

verzinkte Schrauben

einen Hammer

eine Sedum-Matte (1 m^2 reicht völlig)

eine Schere

ein paar Stunden

Wann?

Jederzeit

So wird's gemacht

Messen Sie das Dach aus und schneiden Sie die Folie passend zurecht; mit dem Tacker auf dem Dach befestigen. Schneiden Sie aus der Wasserspeichermatte zwei Stücke in derselben Größe aus. Legen Sie beide übereinander auf die Folie (sie halten die Dachauflage feucht). Sägen Sie von der Latte je zwei Stücke für die vordere und hintere Dachkante ab; achten Sie auf den richtigen Winkel, damit sie am First nahtlos aneinanderstoßen (Bild Mitte). Bohren Sie einige Löcher in die Leisten; an die Dachkante schrauben. Schneiden Sie die *Sedum*-Matte genau passend zurecht und legen Sie die Dachfläche damit aus. Gießen Sie häufiger, bis sich die Pflanzen etabliert haben. Danach brauchen Sie höchstens bei sehr langer Trockenheit zu gießen.

Auf kleinen Flächen ist *Sedum* die erste Wahl, denn es ist trockenheitsresistent und kommt mit einer dünnen Humusschicht aus. *Sedum*-Matten werden auch im Internet angeboten.

Wie geht's? EINE WILDBLUMENWIESE MIT STAUDEN

Gibt es etwas Schöneres als eine Wildblumenwiese in voller Blüte? Leider sind solche Lebensräume in der Natur sehr selten geworden – für Blumenwiesen ist in der modernen Landwirtschaft kein Platz. Umso wichtiger ist es, diesen Anblick in der Stadt zu genießen, sei es auch nur auf dem Balkon (siehe S. 94). Wenn Sie nur an einem kurzlebigen Feuerwerk der Farben interessiert sind, ist eine Wiese mit Einjährigen (heimisch oder nicht heimisch) die richtige Wahl (siehe S. 88). Wenn Sie sich jedoch eine möglichst natürliche, nachhaltige Wiese mit Gräsern, Ein- und Mehrjährigen wünschen, dann ist dieses Projekt genau richtig. Eine solche Wiese bietet Lebensraum und Futterquelle für Bienen und Schmetterlinge. Da eine gewisse Zeit vergeht, bis sich die Wildstauden etabliert haben, bessert man die Wiese in den ersten Jahren mit einjährigen Wildblumensaaten etwas auf.

Sie brauchen

eine Rasenfläche

eine Samenmischung heimischer Wildstauden (wird von manchen Online-Spezialversendern auch auf Wunsch zusammengestellt)

Samen heimischer, einjähriger Wiesenblumen

einen Spaten

eine Grabegabel

mehrere Stunden

Wann?

Von Spätsommer bis Herbstmitte oder im Frühling

So wird's gemacht

Bereiten Sie den Boden genauso vor wie auf S. 88 beschrieben („Vom Vorgarten zur Wildblumenwiese"). Nehmen Sie eine Hälfte des Samen (4 g pro m^2) und verteilen Sie ihn breitwürfig immer in dieselbe Richtung. Dann nehmen Sie die zweite Hälfte der Samen und säen dieselbe Fläche noch mal – diesmal aber im Winkel von 90°. Auf diese Weise wird der Boden gleichmäßig mit Samen bedeckt. Decken Sie die Samen nicht ab; fest treten und reichlich gießen.

Wie geht's weiter?

Mähen Sie die Wiese im ersten Jahr auf eine Höhe von 5 cm, wenn die Pflanzen etwa 10–20 cm hoch sind. So kommen die einjährigen Unkräuter, die im Boden lagen, nicht bis zur Blüte, treiben also im Folgejahr nicht aus. Danach wird die wilde Wiese einmal jährlich im Spätsommer und ein zweites Mal im Herbst gemäht. Rechen Sie das Gras ab, damit der Boden nicht mit Nährstoffen angereichert wird.

Tipp Eine Wildblumenwiese für Faule. Statt jede einzelne Wildblume auszusäen, können Sie auch auf die Natur vertrauen. Die einfachste Methode, Wildblumen und -tiere in den Garten zu holen, besteht also darin, gar nichts zu tun und abzuwarten. Allerdings sollten Sie regelmäßig die Disteln, Brennnesseln und Brombeeren entfernen, weil sie alles andere ersticken.

GEDECKTER TISCH FÜR STADTVÖGEL

Vögel brauchen Nahrung, Verstecke und Wasser – selbst im kleinsten Stadtgarten ist das kein Problem. Mit einem Futterplatz und Pflanzen (Beeren oder Fruchtstände) sorgen Sie für Nahrung, mit einem Gehölz für Verstecke und Nistplätze. Pflanzen Sie eine Hecke oder Baum, wenn der Garten ausreichend Platz bietet. Auch ein Teich lockt Vögel an, die auf einen schnellen Schluck Wasser einfliegen (siehe S. 96, „Ein Naturteich im Topf").

5 PFLANZEN FÜR STADTVÖGEL

Vögel, insbesondere Amseln, fressen im Winter die Beeren der Zwergmispeln (*Cotoneaster*).

Drosseln und Finken lieben die Beeren des Geißblatts; Drosseln bauen ihre Nester zwischen den dichten Zweigen und räumen unter den Blattläusen auf.

Brombeeren sind typische Win-Win Pflanzen: Die Beeren schmecken Menschen und Vögeln – es gibt genug für alle.

Für viele Vögel sind die Beeren des Efeus im Winter wichtig, wenn das Nahrungsangebot knapp wird. Die dicht stehenden Zweige bieten Schutz und Nistplätze für Zaunkönige und Amseln.

Im Frühling wimmelt es auf Hundsrosen von Blattläusen – ein Fest für Kohlmeisen, Blaumeisen und andere Insekten fressende Vögel. Zwischen den stacheligen Zweigen finden viele Vögel Schutz.

SAMENBÜFFET IM TOPF

Fruchtstände mit Samen sind ein Leckerbissen für Finken und Spatzen. Lassen Sie daher diese Gartenpflanzen über den Winter stehen – sie sehen übrigens in der milden Wintersonne oder mit Raureif überzogen großartig aus. Dieser Topf ist bereits im Sommer hübsch anzuschauen, wenn sich die Sonnenblumen über die rosafarbenen Blüten des Silberblatts erheben. Die stacheligen Kugeldisteln (*Echinops ritro*) locken Horden von Insekten an und setzen markante Akzente.

Sie brauchen

einen großen Topf, mindestens 30 cm tief und mit 45 cm Durchmesser (ideal sind Halbfässer)

5 Sonnenblumen; möglichst eine mittelhohe Sorte

1 Kugeldistel (*Echinops ritro*)

5 Silberblatt (*Lunaria annua*)

torffreie Pflanzerde

Wann?

Im Frühling

So wird's gemacht

Füllen Sie den Topf bis 10 cm unter den Rand mit dem Substrat. Pflanzen Sie die Sonnenblumen (wie die 5 auf einem Würfel) und setzen Sie die übrigen Pflanzen dazwischen; reichlich gießen.

PFLANZEN FÜR DIE SCHMETTERLINGE

Schmetterlinge sind nicht nur hübsch anzuschauen, sondern haben auch hübsche Namen: Faulbaum-Bläuling, Postillon oder Aurorafalter. Sie kommen als launische Gäste angeflattert, lassen sich nieder und sind oft genauso schnell wieder über das Balkongeländer verschwunden. Schmetterlinge gelten als Indikatoren für eine intakte Natur. Sie reagieren auf kleinste Veränderungen von Luftqualität und Klima, so wie Kanarienvögel, die Bergleute früher vor giftigen Gasen warnten. In den USA sind die großen Lebensräume der Schmetterlinge – Wiesen, Prärien und Grassteppen – bis auf Reste verschwunden. Außerdem leiden sie auch unter der globalen Erwärmung, denn ihre innere Uhr ist nicht mehr mit den Zyklen ihrer Nahrungspflanzen synchronisiert. In Großbritannien nehmen 72 % der heimischen Schmetterlinge stark ab. In Europa ist eine von zehn Arten vom Aussterben bedroht und in den USA stehen 23 Arten auf der Roten Liste.

In der Stadt können Gärten mit nektarreichen Blumen und Brachen mit Wildpflanzen zu Refugien für Schmetterlinge werden. Nicht ohne Grund wird die Gattung *Buddleja* als „Schmetterlingsstrauch" bezeichnet – sie ist aus Gärten verwildert und wächst auf Brachflächen. Schmetterlinge brauchen unsere Hilfe in Gärten, auf Terrassen und Balkonen. Pflanzen, die ihnen Futter anbieten, sind ein erster Schritt in die richtige Richtung …

Nektarreiche Pflanzen

Buddleja (Sommerflieder) ist bei weitem die wichtigste Schmetterlingspflanze, besucht von 18 Arten, vom Zitronenfalter über das Rostbraune Ochsenauge bis zum Admiral und dem Kleinen Feuerfalter besucht. Da *Buddleja* in vielen Städten bereits die Brachen erobert hat, empfehlen sich für den Garten weitere Arten (siehe rechts).

10 DER BESTEN SCHMETTERLINGSPFLANZEN

- Eisenkraut (*Verbena bonariensis*)
- Fetthenne (*Sedum spectabile*)
- Lavendel
- Minze
- Nachtviole
- Oregano
- Rote Spornblume
- Schöterich (*Erysimum*) 'Bowles Mauve'
- Silberblatt (*Lunaria annua*)
- Skabiose

NEKTARREICHER BLUMENKASTEN FÜR SCHMETTERLINGE

Dieser Kasten lockt schnell und einfach Schmetterlinge vor jedes Fenster, selbst wenn Sie in einem oberen Stockwerk wohnen. Ab und zu dürften sich auch Bienen blicken lassen und der Oregano sieht nicht nur gut aus, sondern schmeckt auch köstlich auf der Pizza.

Sie brauchen

einen großen Blumenkasten, etwa 60 cm lang und 20 cm tief

torffreie Pflanzerde

6 Studentenblumen (Tagetes patula)

1 Lavendel, z. B. 'Hidcote'

1 Oregano oder Majoran

Wann? Frühling bis Frühsommer

So wird's gemacht

Füllen Sie den Blumenkasten bis fast unter den Rand mit Substrat. Pflanzen Sie Lavendel und Oregano in die Mitte und die Studentenblumen an den Rand; reichlich gießen und an einen sonnigen Platz stellen.

Futter für sehr hungrige Raupen

Statt die ausgewachsenen Schmetterlinge anzulocken, können Sie auch Nahrungspflanzen für die Raupen pflanzen. Wer schon einmal Kohl gesät hat, kennt das Problem mit Kohlweißlingen. Sie müssen aber nicht Ihr Mittagessen für Schmetterlinge opfern – wählen Sie Pflanzen aus der Liste rechts.

Ein Blumenkasten für die Raupen

Nachwuchsförderung: Pflanzen Sie Arten, auf denen sich die Schmetterlingsraupen richtig satt fressen können. Eine gute Kombination wären Echter Hornklee, Kapuzinerkresse und wilde Erdbeeren in einem Blumenkasten oder großem Topf. Die wilden Erdbeeren sind speziell für den Kleinen Würfel-Dickkopffalter gedacht – und ihre Früchte schmecken gut.

5 DER BESTEN FUTTERPFLANZEN FÜR RAUPEN

Knoblauchrauke für den Aurorafalter

Brennnessel für C-Falter, Admiral, Kleiner Fuchs und Pfauenauge

Geißblatt für den Kleinen Eisvogel

Gewöhnlicher Hornklee, u. a. für Postillon, Kronwicken-Dickkopffalter und Bläuling

Kapuzinerkresse wird von großen und kleinen Kohlweißlingen geliebt (siehe auch S. 94, „Balkon-Naturgärtner")

Finden

Wilde Nahrung … wilde Blumen … wilde Tiere

Manchmal sind wir Rurbanites so sehr damit beschäftigt, mit unserer Pflanzschaufel ein wenig Natur in die Stadt zu bringen, dass wir das bereits vorhandene Wildleben um uns herum übersehen.

Als Stadtmenschen laufen wir viel über Pflaster, warten auf Busse oder Züge und sehen aus den Fenstern unserer Büros. Man könnte denken, die Welt sei steril und grau. Doch selbst an Orten, die absolut lebensfeindlich scheinen – Eisenbahnbrücken, Wolkenkratzer, verlassene Fabriken und Parkplätze – ist die Natur längst da. Ein Löwenzahn hat eine Ritze im Pflaster besiedelt, Tauben sitzen auf dem Geländer eines Balkons, wie alte Männer, die aufgereiht auf den Bus warten.

Wer sich die Zeit nimmt, die Natur in der Stadt wirklich wahrzunehmen, öffnet die Tür zu einer neuen Erfahrung. Man kann Wildpflanzen als kostenlose Leckerbissen sammeln und mit Gewinn und Spannung die Blumen, Insekten, Vögel und andere Tiere beobachten.

ESSBARE WILDPFLANZEN

Auf dem Rückweg vom Supermarkt,

wo eingepackter Salat angeboten wird, der vielleicht eine Reise von Hunderten von Kilometern hinter sich hat, laufen wir achtlos an frischem, essbarem Grün vorbei. In Parks, an Wegrändern und neben der Straße wachsen Früchte und wildes Gemüse. In einer Stadt gibt es mehr zu ernten als verlockende Brombeeren. Wer weiß, wo er suchen muss, findet das ganze Jahr über Nahrung. Vermutlich wird man dabei heute auch nicht mehr neugierig angestarrt. Die Suche nach essbaren Pflanzen ist in New York inzwischen so verbreitet, dass die Stadtverwaltung verboten hat, Beeren und Blätter im Central Park von Manhattan zu pflücken – sie befürchtete nackte Sträucher. Es macht Spaß, in der Stadt nach Nahrung zu suchen. Man isst Dinge, die man noch nie probiert hat, erkundet Ecken, von deren Existenz man keine Ahnung hatte und freut sich darüber, dass all das nichts kostet. In Städten ist die Suche nach Essbarem sogar besonders spannend, denn hier wachsen nicht nur die einheimischen Pflanzen, wie auf den Wiesen und in den Wäldern auf dem Land. In unseren Parks stehen ziemlich viele exotische Arten, von Persimonen bis Zierquitten. Aus den Beeren der beliebten Mahonien, die in vielen Parks wachsen, lässt sich ein würziger Sirup kochen.

LINKS: Ein Spalt im Pflaster hat dem Wegerich ausgereicht, um Wurzeln zu schlagen.

RECHTS: Bei der Suche nach essbaren Pflanzen in Parks und öffentlichen Anlagen kann man auf echte Kostbarkeiten stoßen.

VERBOTENE FRÜCHTE?

„Früchte sollten eine Ressource sein, die alle nutzen dürfen, wie Muschelschalen am Strand oder Pilze im Wald.“ *Fallen Fruit*, Los Angeles

Überall in der Stadt verderben Früchte, am Straßenrand und in privaten Gärten: Äpfel, Birnen, Kirschen und Pflaumen fallen auf den Boden, bleiben liegen und verrotten. Und wir geben Geld dafür aus, Obst aus der ganzen Welt in unsere Supermärkte zu transportieren.

Viele Städter wollen das ändern, sie haben eine Mission. In Seattle, Los Angeles, Toronto und London treffen sich Gruppen, um unerwünschte Früchte zu ernten. Die *Abundance* Bewegung, die in Sheffield gegründet wurde, hat inzwischen Anhänger in London und Manchester und geht mit Freiwilligen und Schulkindern auf die Suche nach erntereifem Obst. Das Obst wird in den Stadtvierteln verteilt, zu Marmelade, Gelee oder Saft verarbeitet oder zu Selbstkosten an Restaurants verkauft. Im vergangenen Jahr hat die Londoner Gruppe 1,5 Tonnen Obst geerntet, das ohne sie verrottet wäre.

Die Künstlergruppe *Fallen Fruit* in Los Angeles erstellt Karten mit Obstbäumen, die von den Hauptstraßen aus zugänglich sind, und veranstaltet regelmäßig „öffentliches Marmeladekochen“. Dort treffen sich Freiwillige, die Obst gesammelt haben, und kochen daraus gemeinschaftlich wunderbare Marmeladen und Gelees. Aus Protest über die wenigen Obstbäume im öffentlichen Grün der Stadt veranstaltete die Gruppe jüngst eine Protestveranstaltung vor dem Rathaus und hielt Schilder mit „Frisches Obst ist ein Menschenrecht“ hoch.

Ähnliche Gruppen formieren sich in vielen Städten auf der Erde; suchen Sie im Internet nach einer Gruppe in ihrer Nähe. Oder machen Sie einen Nachbarn mit einem Zettel im Briefkasten darauf aufmerksam, dass die Früchte seines Obstbaumes bald verderben werden. Vielleicht stellt er Ihnen sogar einen Korb mit Quitten, Feigen oder Äpfeln vor die Tür.

7 ORTE ZUM FRÜCHTESAMMELN

- Parks
- Schrebergärten
- Parkplätze
- Straßenränder
- Friedhöfe
- Ödland
- Kanal- und Flussufer

Tipp Selbst wenn die Zweige eines Obstbaumes über die Straße hängen, müssen Sie den Besitzer um Erlaubnis fragen, ob Sie ernten dürfen.

Ernte in der Stadt: Zuerst ...

1. Pflücken Sie niemals Früchte, die Sie nicht 100%ig erkennen. Manche Wildpflanzen sind giftig und Sie sollten kein Risiko eingehen. Wenn Sie Zweifel haben, ziehen Sie ein Fachbuch zurate (siehe Buchtipps, S. 168–170).
2. Pflücken Sie immer nur so viel, wie Sie verzehren können, und lassen Sie etwas für die Vögel übrig.
3. Ernten Sie kein Obst an verschmutzten Stadtorten, neben viel befahrenen Straßen oder an Stellen, wo Hunde gern Gassi gehen.

Rechtliche Aspekte

1. Reißen Sie keine Wildpflanzen aus, pflücken Sie nur Blätter und Beeren.
2. Geschützte oder seltene Pflanzen dürfen nicht geerntet werden.
3. Fragen Sie um Erlaubnis, bevor Sie ein Privatgrundstück betreten.
4. Fragen Sie um Erlaubnis, wenn sie in öffentlichen Parks ernten möchten. In der Regel wird es erlaubt, es gibt aber auch Ausnahmen.

RURBANITE: Penny Greenhough, städtische Beerensammlerin, Peckham

Peckham im Südosten von London ist kein Ort, an dem man mit Beerenhecken rechnet. Nicht einmal Brombeeren scheinen sich zwischen den grauen Häusern wohlzufühlen. Penny Greenhaugh sieht das völlig anders. Wenn sie durch die Nachbarschaft streift, hat sie eine Karte im Kopf, auf der eine unsichtbare Linie den Loquat-Baum hinter einem Verwaltungsgebäude mit einem Maulbeerbaum in einem viktorianischen Park und einem Himbeergebüsch hinter dem Supermarkt verbindet. Wo normale Passanten nur nacktes Gestrüpp sehen, denkt Penny an Marmelade, Gelee, einen Sirup aus Hagebutten oder Mahonien (siehe S. 126), in Senf eingelegte Quitten, eingelegte Walnüsse und Lindenblütentee – alles für die Gläser in ihrem Küchenschrank und auf den Regalen.

Wenn Penny nach Früchten sucht, fühlt sie sich frei, weil sie das Handelsnetz der großen Ketten unterbricht. „Es funktioniert ohne Geld. Ich fühle mich frei dabei", meint sie. „Wenn man sein Essen findet, fühlt sich die Welt sicherer, verlässlicher an – Findigkeit zahlt sich aus." Penny war Hebamme und hat als Freiwillige im Balkankonflikt gearbeitet. Sie kennt jeden Zentimeter in ihrer Nachbarschaft und kämpft für den Erhalt der Natur um sie herum. Einmal hat sie sich deswegen sogar einen Kinnhaken eingefangen: Sie war für einen Kirschbaum auf ihrer Straße eingetreten, als Hundebesitzer ihren Hund ermunterten, in den Stamm zu beißen. Peckham ist nicht der beste Teil der Stadt, aber in viktorianischer Zeit wurden in diesen Gärten viele exotische Pflanzen, wie Maulbeerbäume, Feigen, Wein, Loquats und Dattelpflaumen, angepflanzt.

> *„Wenn man sein Essen findet, fühlt sich die Welt sicherer an."*

Penny kennt jeden Baum und Strauch in den Chumleigh Gardens, ist aber keineswegs die Einzige, die ein Auge auf die Maulbeeren geworfen hat. „Es gibt einen Polizisten, der Maulbeeren liebt", klagt Penny, „und er ist größer als ich."

Penny glaubt, dass sie mit ihrem Interesse für die Produkte des Landes symptomatisch für eine veränderte, soziale Stimmung steht. „In den 1980er Jahren redeten die Leute nicht miteinander. Es gab Aufruhr und Morde und die Milchmänner lieferten nicht mehr aus", sagt sie. Heute ist sie bei einer Gruppe engagiert, die in einem verlassenen Teil eines öffentlichen Parks einen Garten anlegen. Dort wächst zwischen den Brombeeren Gemüse in Hochbeeten. Vielleicht haben die Brombeeren in diesem Teil der Stadt doch eine Chance.

FINDEN: 10 ESSBARE FAVORITEN

Achten Sie auf folgende Kräuter und Beeren. Es sind häufige Gäste in städtischen Parks, Gärten und an Wegrändern.

Vogelmiere

Die Vogelmiere ist ein kriechendes Gewächs und im Winter und Frühling eine leckere, grüne Zutat für Salate (danach werden sie zäh wie eine alte Weste). An dem runden Stängel läuft eine Reihe feiner Haare entlang, die kleinen Blättchen sind an der Basis abgerundet und laufen spitz zu. Die winzigen, weißen Blüten haben fünf Kronblätter. Während viele Wildkräuter etwas bitter schmecken, sind die jungen Triebe knackig mild, ähnlich wie Kopfsalat oder Winterportulak. Gekocht erinnern die Stängel an Spinat; sie schmecken besonders lecker mit etwas Butter und pochiertem Ei auf Toast. Wenn Sie bewusst darauf achten, werden Sie überall Vogelmiere sehen – in Blumenbeeten, Pflanzkübeln, sogar in Rissen auf dem Gehweg. Sie ist die ideale Pflanze für Einsteiger.

Wild- und Zieräpfel

Wild- und kleinfrüchtige Zieräpfel, die meist von ostasiatischen Wildarten abstammen, wurden früher oft in Wohnstraßen gepflanzt. Doch dann verbreitete sich die Angst, herabfallende Äpfel könnten den wertvollen Lack parkender Autos beschädigen, und die Bäume kamen aus der Mode. Leider! Sie blühen nicht nur sehr attraktiv, sondern bilden auch köstliche Früchte, die nicht nur von den Vögeln geliebt werden. Aus den Äpfeln lässt sich ein leckeres Gelee einkochen, für Toasts, Teekuchen und mehr. Die Blätter des kleinen Baumes sehen genauso aus wie die von Kulturapfelbäumen. Die etwa traubengroßen Äpfel stehen in Büscheln und sind gelb bis rot gefärbt.

Löwenzahn

Die gelben Blütenköpfchen sind ein vertrauter Anblick auf Sportplätzen, Mähwiesen und Rissen im Pflaster. Löwenzahn setzt helle Lichtpunkte in Rasenflächen – Kinder lieben vor allem die „Pusteblumen". Die jungen Blätter – nur die wirklich jungen vor der Blüte – geben einem Salat die knackig bittere Würze von Chicorée und passen daher vor allem in mildere Salate mit Vogelmiere. Die jungen, ungeöffneten Blütenknospen lassen sich sogar mit Zwiebeln in Butter braten. Neben Löwenzahn wachsen auf Wiesen auch andere gelbe Blumen, beispielsweise die ebenfalls essbaren Gänsedisteln. Löwenzahn verrät sich durch ein einzelnes, gelbes Blütenköpfchen auf einem hohlen Stängel. Die haarlosen Blätter mit gezackten oder gesägtem Rand stehen in einer Rosette.

Klettenlabkraut

Das Klettenlabkraut oder Klebkraut fällt im Frühling durch seine ausgebreitet wachsenden, lockeren Stängel auf. Sie bleiben beim Vorbeistreifen an der Kleidung haften, weil die Stängel und schmalen Blätter mit winzigen Hakenborsten besetzt sind. Die höchstens 10 cm langen, also sehr jungen Frühlingstriebe geben gekocht oder gedünstet ein gutes Gemüse ab.

Behaartes Schaumkraut

Diese Pflanze besiedelt häufig als Erste den nackten Boden im Blumenbeet. Da es den Winter übersteht, ist das behaarte Schaumkraut im Winter und Vorfrühling eine nützliche Salatpflanze, da sonst nicht viel wächst. Achten Sie auf eine Rosette aus kleinen Blättern, die von Blütenstilen mit zahlreichen winzigen Blüten überragt werden. Die Blätter schmecken so ähnlich wie Kohl mit einem pfeffrigen Hauch von Rucola. Pflücken Sie ganze Rosetten, bevor sie blühen, und essen Sie das Kraut roh im Salat zu anderen Blättern oder im Risotto.

Mahonien

Die Mahonien sind beliebte immergrüne Pflanzen und werden häufig in Parks, Strauchbeeten und Pflanzkübel gepflanzt. Im Spätwinter fallen sie durch den kräftigen Parfümduft der gelben Blüten auf, die gerne von Hummeln aufgesucht werden. Die in dichten Trauben stehenden, lilablau bereiften Früchte erscheinen im Sommer – Vögel lieben sie. Sie verraten auch, wann die Beeren reif sind: Wenn sich die zahlreichen Amseln aufregen, sobald ein Mensch in die Nähe der Sträucher kommt, ist es soweit. Warten Sie mit dem Ernten, bis alle Beeren eines Fruchtstands gut ausgefärbt sind.

Wie geht's?
STRASSENBAUM-GELEE

Ebereschen und Wild- bzw. Zieräpfel finden sich oft an Stadtstraßen – und ihre Früchte ergeben ein köstliches Gelee, das eher süßlich würzig als herb schmeckt. Das Gelee passt hervorragend zu Toast sowie Fleisch, etwa Lamm, Ente oder Wild.

Sie brauchen

500 g Ebereschebeeren

500 g Wildäpfel

Gelierzucker

ein Seihtuch aus Leinen, Musselin oder einen sauberen, weißen Kissenbezug

1 Stunde

Wann?

Anfang bis Mitte Herbst, wenn die Beeren der Eberesche leuchtend rot aussehen und sich die Wildäpfel leicht vom Baum lösen lassen

So wird's gemacht

Waschen Sie die Früchte und entfernen Sie die Stiele. Legen Sie die Früchte in einen großen Topf; mit Wasser bedecken. Bringen Sie das Wasser zum Kochen und lassen Sie die Früchte 30 Minuten zugedeckt simmern, bis sie weich sind. Zerstoßen Sie die Früchte ab und zu mit einem Kartoffelstampfer, um das Auflösen zu beschleunigen. Legen Sie ein Sieb mit dem Tuch aus und gießen Sie die Mischung hinein. Decken Sie alles mit einem sauberen Geschirrtuch ab und lassen Sie den Saft über Nacht abtropfen. Nicht drücken, sonst wird das Gelee trüb.

Messen Sie am nächsten Morgen die Flüssigkeitsmenge und rühren Sie bei schwacher Hitze pro Liter Saft 750 g Zucker ein, bis sich dieser aufgelöst hat. Dann wird die Mischung zum Kochen gebracht. Schöpfen Sie den Schaum ab, der sich möglicherweise bildet.

Geben Sie zur Probe einen Löffel Saft auf einen kalten Teller (der vorher im Kühlschrank war). Wird die Probe fest und obenauf etwas runzelig, ist das Gelee fertig. Ansonsten lassen Sie es noch ein paar Minuten kochen und wiederholen den Test. Füllen Sie das Gelee in sterilisierte Gläser ab.

PROJEKT

Wie geht's?

PENNYS MAHONIEN-SIRUP

Man kann die Beeren der Mahonie roh essen – sie schmecken ähnlich wie Brombeeren – oder sie wie Johannisbeeren trocknen und in einem Müsli zum Frühstück essen. Eine dritte Möglichkeit bietet dieser Mahonien-Sirup, der köstlich auf Pfannkuchen schmeckt oder mit Mineralwasser einen erfrischenden Sommerdrink ergibt. Nehmen Sie kleine Flaschen, denn der Sirup hält nicht lange, nachdem die Flasche geöffnet wurde.

Sie brauchen

500 g Mahonienbeeren

Kristallzucker

ein Seihtuch aus Leinen oder Musselin

kleine, sterile Flaschen, möglichst mit Bügelverschluss

einen Trichter

Wann?

Hoch- bis Spätsommer; die Beeren sind reif, wenn sich die ganze Traube dunkelpurpurn gefärbt hat; zwischen den Fingern zerdrückte Beeren geben einen roten Saft ab.

So wird's gemacht

Streifen Sie die Beeren mit einer Gabel von der Traube in eine Schüssel; gründlich waschen. Schütten Sie die Beeren in einen Topf und gießen Sie Wasser nach, bis sie gerade bedeckt sind. Vorsichtig erhitzen, damit die Beeren nicht anbrennen; ab und zu sanft zerdrücken und umrühren, bis alle Früchte weich sind und ihren Saft abgegeben haben. Die Flüssigkeit sollte nicht kochen. Seihen Sie alles durch eine doppelte Lage Musselin oder das Seihtuch.

Gießen Sie die Flüssigkeit in einen sauberen Topf und geben Sie pro 500 Milliliter Saft 350 g Zucker dazu. Vorsichtig erhitzen und rühren, bis sich der Zucker gelöst hat. Schöpfen Sie den Schaum ab, der sich möglicherweise bildet und kochen Sie die Flüssigkeit ein paar Minuten lang ein. Dann wird die Flüssigkeit durch den Trichter in sterile Flaschen gefüllt. Mit verschlossenem Deckel hält sich der Sirup mehrere Monate lang. Im Kühlschrank aufbewahren und nach dem Öffnen rasch verbrauchen.

Tipp Prüfen Sie vorher, ob der Trichter in die Flaschenöffnung passt.

Rosen

Die Früchte (Hagebutten) aller Rosen sind essbar, am leckersten schmecken jedoch die Hagebutten wilder Rosen, sie sind dicker und haben ein stärkeres Aroma. Wildrosen wachsen in Hecken, an Straßenrändern, in Parks oder auf Brachen. Die Hundsrose (*Rosa canina*) hat einfache, hellrosa, selten auch weiße Blüten und ovale, spitz zulaufende Hagebutten. Feldrosen (*Rosa arvensis*) blühen weiß und haben kleinere, kugeligere Hagebutten. Die üppigen, großen Hagebutten der Kartoffelrose (*Rosa rugosa*) sind so saftig, dass man sie roh verzehren kann; sie blüht mit duftenden rosa Blüten. Alle schreien geradezu nach einem Sammler, der sie zu Gelee, Likör oder Sirup verarbeitet.

Hagebutten können vom frühen Herbst bis in den frühen Winter geerntet werden, sobald sie rot und reif aussehen. Lassen Sie beschädigte Hagebutten am Strauch hängen. Die Ernte geht erstaunlich leicht, dennoch sollten Sie sich mit Handschuhen gegen die Stacheln der Sträucher schützen – drehen Sie die Hagebutten etwas, dann brechen sie knackend ab.

Wie geht's?

EINE TASSE HAGEBUTTENTEE

PROJEKT

Aus allen Hagebutten lässt sich ein angenehmer Tee zubereiten, der viel Vitamin C und Antioxidantien enthält. Dazu eignen sich sowohl frische als auch getrocknete Hagebutten. Süßen Sie mit etwas Honig oder einem Spritzer Orangensaft und Zucker und trinken Sie den Tee als persönlichen Virus-Schutz. So machen Sie aus den harten Früchten ein herrliches, orangerotes, gesundes Gebräu.

Sie brauchen

etwa 6 frische Hagebutten

kochendes Wasser

ein scharfes Messer

20 Minuten

Wann?

Frühherbst bis Winteranfang

So wird's gemacht

Waschen Sie die Hagebutten; dann längs mit dem Messer aufschneiden und die Samen und feinen Haare ausschaben. Waschen Sie die Früchte nochmals, bis alle Haare entfernt sind. Die Früchte werden zerhackt, in eine Tasse gefüllt und mit kochendem Wasser aufgegossen; 10 Minuten ziehen lassen. Süßen Sie nach Geschmack mit Honig oder Zucker. Getrocknete Hagebutten haben ein stärkeres Aroma: Waschen Sie die Hagebutten und schneiden Sie die Enden ab; trocknen lassen, bis sie hart sind. Zerkleinern Sie die Früchte im Mixer und sieben Sie die Haare aus. Heben Sie die trockenen Hagebutten in einem luftdichten Glas auf. Rechnen Sie zwei Teelöffel pro Tasse; vor dem Genuss durch ein Teesieb seihen.

Eberesche

Die Eberesche wird gern als Straßenbaum gepflanzt. Sie wird nicht zu hoch, bildet im Frühling hübsche, weiße Blüten und im Herbst rote Beeren, die von den Vögeln geliebt werden. Suchen Sie nach einem geeigneten Baum und pflücken Sie sich im Herbst genügend Beeren für ein köstliches Gelee (siehe S. 125 „Straßenbaum-Gelee"). Ebereschen wachsen aber auch in Hecken und in Parks. Suchen Sie nach mittelgroßen Bäumen mit dunkelgrünen, gefiederten Blättern (schmale, spitze Teilblätter beidseits einer Mittelachse). Vermutlich dürften Ihnen aber als Erstes die zahlreichen roten Beeren ins Auge stechen.

Kohl-Gänsedistel

Auf den ersten Blick könnte man die Gänsedistel wegen der flockigen, gelben Blüten und den gezackten Blättern für Löwenzahn halten, aber ihre Blätter ziehen sich den gesamten Stängel hinauf und stehen nicht in einer Rosette an der Basis. Außerdem sind die Blüten kleiner und am Stängel stehen mehrere Blüten. Gänsedisteln sind die Überlebenskünstler in der Stadt; sie wachsen überall, auf Ödland, in Baumscheiben und sogar in Pflasterritzen. Schneiden Sie die Rosette im Frühling – noch vor der Blüte – direkt über dem Boden mit dem Messer oder einer Schere ab. Sie schmecken gedünstet ähnlich köstlich wie Mangold. Die rohen Blätter sind eine wichtige Zutat für einen italienischen *Insalata di Campo* oder Feldsalat. Die Maoris auf Neuseeland kochen die Blätter und essen sie zu Fisch.

Brennnessel

Brennnesseln kennt wirklich jeder, denn schon als Kind lernen wir die Pflanze mit den charakteristischen Brennhaaren auf den herzförmigen, gesägten Blättern kennen. Suchen Sie nach Brennnesseln auf Friedhöfen, Brachen, in Gärten und an Wegrändern. Die beste Zeit für Brennnesseln ist zwar der Frühling vor der Blütezeit, aber frische, junge Exemplare findet man auch im Sommer. Tragen Sie Handschuhe und schneiden Sie nur die Spitzen mit etwa sechs Blättern ab. Daraus kann man einen Tee zubereiten (vier bis fünf Blätter pro Tasse), sie gedünstet als Gemüse, als Füllung für Ravioli oder als Pesto essen. Eine klassische Zubereitung ist die Brennnesselsuppe.

Wie geht's?
BRENNNESSELSUPPE

Es hat etwas Tröstliches, eine böse stechende Brennnessel in ein köstliches Gericht zu verwandeln. Brennnesseln sind sehr vitaminreich und eisenhaltig. Sie ergeben eine herzhafte Suppe mit einem Geschmack irgendwo zwischen Spinat und Kohl, wenn auch mit intensiverem Aroma. Sammeln Sie ausschließlich Brennnesseln, die weder unter Autoabgasen noch unter Gassi gehenden Hunden gelitten haben – nicht die Handschuhe vergessen.

Sie brauchen

eine Einkaufstasche, halb voll mit Triebspitzen mit vier bis sechs Blättern

50 g Butter

2 Zwiebeln, geschält und fein gehackt

1 große Kartoffel, geschält und gewürfelt

1 Liter Gemüsebrühe

2 Esslöffel Crème fraîche

eine Schere

30 Minuten

Wann?

Im Frühling, vor der Blüte, oder im Spätsommer, wenn neue Pflänzchen austreiben; alte, faserige Pflanzen stehen lassen

So wird's gemacht

Waschen Sie die Nesseln gründlich in heißem Wasser (so werden die Brennhaare entfernt). Zerlassen Sie die Butter in einem schweren Topf und geben Sie die Zwiebeln dazu; 5 Minuten bei schwacher Hitze dünsten. Die Kartoffelwürfel zugeben und braten, bis sie weich werden. Dann die Brennnesseln zugeben und weitere 5 Minuten dünsten. Gießen Sie die Gemüsebrühe dazu. Die Suppe muss 5 Minuten simmern, dann wird sie mit einem Rührstab püriert. Würzen Sie nach Geschmack und geben Sie unmittelbar vor dem Servieren einen Klacks Sahne auf jeden Teller. Reichen Sie warmes, knuspriges Brot dazu.

LINKS: Brennnesseln siedeln sich überall an; meiden Sie Pflanzen, die direkt an Straßen und Gehwegen wachsen.

Sammeln ist eine tolle Sache, aber auch Tiere und Pflanzen, die man nicht essen kann, sind spannend. Es macht Spaß, die Wildpflanzen und Tiere in seiner städtischen Umgebung kennenzulernen – an Orten, an denen man sie nicht erwartet. Immer mehr junge Leute beginnen sich für die Stadtökologie zu interessieren, denn der Druck auf die heimische Flora und Fauna wird immer größer. Tatsächlich erleichtert die moderne Technik sogar den Umgang mit der Natur: Man kann Insekten und Blumen fotografieren, sie posten oder in einem Internetforum bestimmen lassen.

Um eine interessante Schmetterlingsraupe zu bestimmen, braucht man nicht mehr dicke Bestimmungsbücher zu studieren. Machen Sie ein Foto mit dem Smartphone und googeln Sie zu Hause im Internet. Auf Websites wie iSpot können Sie solche Bilder posten – Gleichgesinnte irgendwo auf der Welt wissen vielleicht genauer, was Sie da fotografiert haben. Viele dieser Stadtökologie-Fans haben noch die eigenen Zähne und ziehen keine Socken in den Sandalen an.

Es leben so viele Insekten, Pilze, Amphibien und kleine Säugetiere im städtischen Umfeld, manche auffällig, andere eher verborgen. Man kann sie unmöglich alle erwähnen. Daher beschränken wir uns auf zwei Gruppen, die sich bestens an ein Leben in der Stadt angepasst haben: Vögel und Wildblumen. Man sieht sie überall, selbst wenn man nur 5 Minuten zum nächsten Laden unterwegs ist.

RECHTS: Solange sie Wasser und ein Versteck finden, kommen Frösche in der Stadt gut zurecht.

GANZ RECHTS: Hier wachsen Massen von Margeriten und Hahnenfuß an einer Straße.

WILDBLUMEN BEWUNDERN

Es ist faszinierend zu sehen, wie gut die Opportunisten unter den Wildblumen in der Stadt zurechtkommen.

Pflanzen sind großartig. Sie verwandeln einen hässlichen, vernachlässigten Ort in etwas Wundervolles, wenn Efeu, blutroter Klatschmohn zähe Schmetterlingssträucher oder Margeriten Risse und Spalten verdecken. Wildblumen fragen nicht nach Erlaubnis und verlangen nichts – und sind umso schöner.

Städte sind perfekte Lebensräume für Wildblumen. Da viele Arten nährstoffarme, wasserdurchlässige Böden mögen, sind alte Industriestandorte oder Ödland mit Schutt und einer dünnen Bodendecke aus Staub ideale Lebensräume. Dort sind die Böden nährstoffarm und trocken und Pflanzen unter Wassermangel blühen viel intensiver. Sogar Bagger sind ihre Freunde. Viele Wildblumen mögen die frisch gestörten Böden: Ihre langlebigen Samen springen ins Leben, sobald sich irgendwo auf einem Baugrundstück nackte Erde öffnet. Während des Zweiten Weltkrieges vervierfachte sich die Zahl der Wildblumen in London; sie eroberten die Trümmer nach den Bombenangriffen. In allen vom Krieg verwüsteten, europäischen Städten blühten die Weidenröschen – in Großbritannien waren sie bald unter dem Spitznamen „Bombenkraut" bekannt.

Der regelmäßige Verkehr fördert die Ausbreitung von interessanten, fremden Pflanzen, denn die Samen folgen den Menschen. An den Bahnhöfen von Eisenbahnlinien, die von der Meeresküste ins Binnenland führen, keimen die Pflanzen der Küste. Die Tagestouristen haben ihre Samen an den Schuhen mitgebracht. Die *Buddleja*, die in viktorianischer Zeit als Zierpflanze eingeführt wurde, breitete sich entlang der Bahngleise aus, weil die Züge ihre Samen verwehten. Der Schotter und die Steine der Bahndämme unterschieden sich nicht wesentlich von den Klippen in ihrer natürlichen Heimat. Obwohl Schmetterlinge ihre Blüten lieben, verdrängen sie aber wichtige Futterpflanzen der Raupen und gelten inzwischen in Europa und weiten Teilen der USA als invasives Unkraut.

Es ist faszinierend zu sehen, wie gut die Opportunisten unter den Wildblumen in der Stadt zurechtkommen. Sie brechen aus Vorgärten aus und kriechen auf den Bürgersteigen von Haus zu Haus. Manchen Arten reicht schon ein winziger Riss im Asphalt oder eine Mauerspalte, um ihre Wurzeln auszustrecken. Jedes Jahr erobern sie ein weiteres Stück der von Menschen gemachten Oberflächen. Lassen wir uns von ihrem Opportunismus inspirieren! In Manhattan wachsen auf einem verlassenen Stück der Hochbahn Götterbäume, Goldrute, Wilde Möhren und Nachtkerzen. Die Stadtbewohner waren so begeistert, dass sie die Hochbahn zum Park erklärten: Die High Line ist jetzt ein wunderschönes, grünes Band über dem Verkehr, wo die Menschen zwischen Gräsern und Blumen spazieren gehen. Inzwischen ist ein ähnliches Projekt für ein Stück einer Hochbahn in Ost-London geplant.

Allerdings fügen sich nicht alle pflanzlichen Eindringlinge so harmonisch ein. Manche Wildblumen, die in

UNTEN: Opportunistische Karden haben einen Londoner Garten erobert.

OBEN: Die Wildpflanzen auf einer Hochbahnstrecke in New York haben die Menschen inspiriert, einen Park anzulegen.

ihrer Heimat von Schädlingen und Krankheiten unter Kontrolle gehalten werden, können sich plötzlich explosionsartig frei entfalten. Der Japanische Staudenknöterich (*Fallopia japonica*), der in viktorianischer Zeit zur Bereicherung der Waldgärten nach Großbritannien importiert wurde, erwies sich als derart aggressiv, dass er von der Regierung als Schadpflanze deklariert wurde. Seine Sprosse können Betonplatten anheben. Es kostete 70 Millionen Pfund, um diese invasive Staude vom Olympiagelände zu entfernen: Um all ihre Wurzeln zu entfernen, musste der Boden bis in 5 m Tiefe gesäubert werden. Die Kudzu (*Pueraria lobata*) wurde um 1870 als Zierpflanze aus Asien in die USA eingeführt. Seither wuchert sie üppig: Sie kann in 12 Stunden 30 cm wachsen und ganze Gebäude unter sich begraben. Das Silberhaargras (*Imperata cylindrica*) breitete sich während des Vietnamkrieges überall dort aus, wo die amerikanischen Truppen das Gift *Agent Orange* eingesetzt hatten. Inzwischen ist das Gras aus Asien bis in die USA vorgedrungen und breitet sich dort aus.

In dicht bebauten Stadtvierteln erinnern uns die Wildblumen daran, dass die Natur niemals weit entfernt ist, sei die Umgebung auch noch so „unnatürlich". Die britische Künstlerin Sue Lawes hat in ihrem Projekt *Tagworts* häufige Wildblumen, wie den Löwenzahn und das Greiskraut, mit stilisierten gelben Schablonen auf das Pflaster und die Parkplätze von Deptford (Südost-London) „getaggt". Auf einer Online-Karte waren die Standorte jeder Pflanze eingetragen.

Wildblumen sind in den Städten nicht nur vorhanden, sie breiten sich auch aus. Nach dem Buch von Alan Weisman (*Die Welt ohne uns*) wäre ein verlassenes Haus nach dem hypothetischen Aussterben der Menschheit nach 50 Jahren nur noch ein Hügel in der Landschaft, auf dem Bäume wachsen.

Sobald man die Wildblumen in seiner Umgebung bewusst wahrnimmt, ändert sich alles. Plötzlich sieht man die Schönheit sogar in den häufigsten Blumen. Man möchte wissen, wie sie heißen, kriecht mit der Kamera oder dem Smartphone über den Boden und wird vielleicht von Passanten deswegen angestarrt. Bei manchen regt sich sogar der Wunsch, sie zu essen (siehe S. 121 „Finden: Essbare Wildpflanzen"). Wenn Sie ein Kreuzkraut von der Vogelmiere oder ein Großes Schöllkraut von der Kohl-Gänsedistel unterscheiden können, macht ein Spaziergang um den Block viel mehr Spaß.

OBEN: Der Schmetterlingsstrauch (*Buddleja*) kam als Zierstrauch aus China und breitete sich rasch an Ufern und Bahndämmen aus.

LINKS: Roter Klatschmohn verwandelt einen Straßenrand in eine farbige Blumenwiese.

UNTEN: Eine Distel in voller Blüte belebt trocken-heiße Plätze.

WIE BESTIMMT MAN WILDBLUMEN?

Was ist das für eine Pflanze?

Sehen Sie genau hin. Und dann sehen Sie noch genauer hin, genauer als je zuvor. Das ist die Grundregel jeder Pflanzenbestimmung. Vielerorts dürfen Wildblumen nicht ohne Erlaubnis des Grundbesitzers ausgegraben werden. Diese Regelung ist eine Grauzone, denn eigentlich gehört eine Brache in der Stadt auch irgendjemanden. Graben Sie besser gar keine Pflanzen aus. Andererseits ist es verblüffend, wie schnell man vergisst, wie eine Pflanze genau ausgesehen hat. Liefen die Blätter spitz zu? Hatte sie fünf Kronblätter? Waren die Kelchblätter lang oder kurz? Oje, keine Ahnung mehr... Machen Sie ein Foto oder eine Skizze.

Wer gerade erst mit dem Bestimmen anfängt, stößt ziemlich schnell auf lateinische Namen und botanische Fachbegriffe, die einem fast gar nichts sagen. Auch wenn es am Anfang schwierig ist, bleiben Sie dran. Die Begriffe werden Ihnen bald vertraut erscheinen. Auf die Form und Anordnung der Blätter zu achten, ob der Stängel glatt oder anders geartet ist, wird rasch zur Routine. Nur wer auf kleinste Details achtet, kann scheinbar gleich aussehende Pflanzen unterscheiden.

Keine Scheu vor lateinischen Namen – einige sind sogar ganz hilfreich. So bedeutet z. B. *stellata* sternförmig, *dentata* gezackt und *viscosus* klebrig.

Die 5 besten Stellen, um Wildblumen zu finden

Aus dem Auto-, Bus- oder Zugfenster
Straßenränder sind gute Jagdgründe für Wildblumen, selbst wenn die Straße bebaut ist. Besonders viele Pflanzen wachsen an Bahndämmen und Abstellgleisen, weil sie hier ungestört vom Verkehr sind: wilde Rosen, Margeriten, Goldrute, Wilde Malve und das Schmalblättrige Weidenröschen. Die Zugluft der vorbeifahrenden Züge treibt die Samen weit umher und auf dem Schotter finden viele Samen beste Keimbedingungen. Halten Sie Ausschau nach Löwenzahn (siehe S. 124), Kohl- und Rauer Gänsedistel (siehe S. 128), Jakobskraut, Bergastern, Klettenlabkraut (siehe S. 124), Kreuzkraut, Rainkohl, Baldrian und *Buddleja*.

Kurz gemähter Rasen
Der kurz gemähte Rasen auf einem Sportplatz oder im Park scheint eine Wildblumen-Wüste zu sein, doch sobald Sie genauer hinsehen, werden Ihnen viele Schätze auffallen: Gänseblümchen, Löwenzahn, Wegerich, Herbst-Löwenzahn, Hahnenfuß, Klee und Ferkelkraut. Sie mögen kurz geschnittenes Gras, denn sie wuchsen ursprünglich auf Mähwiesen und Weiden, haben sich also darauf eingestellt, abrasiert zu werden. Typische Rasenpflanzen sind auch Gundermann, Braunelle, Hornklee und Günsel; im zeitigen Frühjahr kommen Veilchen hinzu. Viele dieser Blüten sind wahre Bienenmagneten.

Pflaster
Es ist erstaunlich, wie viele Pflanzen sich mit winzigen Rissen im Pflaster oder Mauerspalten zufrieden geben. Sie bilden oft schon früh Blüten und Samen, gewissermaßen als Stressreaktion wegen eingeengter Wurzeln. Wenn Sie beim Gehen nach unten sehen, stoßen Sie fast sicher auf Löwenzahn, Kohl-Gänsedistel, Wegerich,

Kompass-Lattich, Behaartes Schaumkraut (siehe S. 124), Einjähriges Bingelkraut, Hirtentäschel und Vogelmiere (siehe S. 124).

Hinter Maschendraht auf verlassenen Flächen

An solchen Orten kommen die Wildpflanzen richtig auf Touren: Wild wuchernde Brombeeren, Wilder Kerbel, Brennnesseln (siehe S. 128) und *Buddleja*. Die Überlebenskraft der asiatischen Götterbäume, die überall im Pflaster von New York Fuß fassen, ist inzwischen legendär. Ein 1943 in den USA erschienenes Buch über Einwanderer (A Tree Grows in Brooklyn) nimmt darauf Bezug.

Auch das Schmalblättrige Weidenröschen und die Goldrute erobern sofort jedes Stück nackten Bodens. Weitere Pflanzen, die auf nährstoffarmen Böden gedeihen, sind Baldrian, Ackerwinde, Wilde Malve, Klettenlabkraut und das Schöllkraut.

Der Blick nach oben

Einige Pflanzen scheinen der Schwerkraft zu trotzen und sprießen aus Spalten im Mauerwerk. Dazu gehören wieder *Buddleja* und der Baldrian. Typische Wandkletterer sind auch Mauer-Zimbelkraut, Aufrechtes Glaskraut und Efeu – vor allem er ist ein Fest für die Vögel, die unter dem Schutz seiner Blätter nisten und im Winter die Beeren fressen, wenn das Nahrungsangebot knapp wird.

LINKS: An Wegrändern und Eisenbahndämmen wachsen besonders viele Wildblumen, weil sie hier nicht gestört werden.

OBEN RECHTS: Eine wilde Waldrebe erobert mit Leichtigkeit den Maschendrahtzaun auf einer Brachfläche.

5 WILDBLUMENSAMEN ZUM SAMMELN

- Disteln
- Karden
- Klatschmohn
- Natternkopf
- Rispen-Flockenblume

Tipp Wenn die Samen der Wildblumen reifen, sind die verräterischen Blüten längst verschwunden und die Bestimmung wird schwieriger. Merken Sie sich, wo die für Sie interessanten Pflanzen stehen und wie die Blätter aussehen und kehren Sie dorthin zurück, um die Samen zu ernten.

Darf ich Wildblumensamen sammeln?

Solange es sich um gewöhnliche, häufig vorkommende Wildblumen handelt, steht dem nichts entgegen. Das gilt vor allem für die Blumen, die an öffentlichen Orten wachsen. Auf dem Land und in Wäldern gelten unterschiedliche strenge Schutzbestimmungen (Naturschutzgebiete und geschützte Pflanzen). Erkundigen Sie sich zur Sicherheit bei den lokalen Behörden oder einer Naturschutzorganisation in Ihrer Nähe. Streuen Sie die Samen in Ihrem Garten oder auf Baumscheiben, Kreisverkehrsinseln oder vernachlässigten Flächen aus, um die ökologische Vielfalt zu fördern. Siehe auch „Samen sammeln und lagern", S. 63.

Wildblumen bestimmen – ein paar Tipps:

1. Nutzen Sie alle Sinne: zerdrücken oder zerreiben Sie die Blätter. Lassen Sie Blätter und Stängel durch die Finger gleiten, fühlen sie sich weich oder haarig an? Welche Farbe hat der Saft? Duften die Blätter? Manchmal unterscheiden sich die Blätter, je nachdem, wo sie am Stängel stehen.
2. Machen Sie Nahaufnahmen von der Pflanze (Smartphone oder Kamera) und vergleichen Sie die Bilder zu Hause mit Büchern oder im Internet.
3. Nehmen Sie einzelne Blätter mit nach Hause, um sie dort in aller Ruhe anzusehen – das schadet der Pflanze nicht. Transportieren Sie die Blätter in einer Plastiktüte, damit sie nicht welken.
4. Sehen Sie sich Blätter, Stängel und Blüten sehr genau an. Welche Form haben die Blätter und wie sind sie am Stängel angeordnet? Stehen Sie paarweise oder abwechselnd am Stängel? Zählen Sie die Kronblätter. Ist der Stängel stabil oder hohl, rund oder kantig?
5. Nehmen Sie sich eine bestimmte Stelle vor, beispielsweise auf dem Weg zur Arbeit, und verfolgen Sie, wie sich die Pflanzen entwickeln. So fällt sofort auf, wenn sich eine neue, aufregende Pflanze zeigt.

LINKS: Die leuchtend blauen Blüten des Natternkopfes locken Hummeln und Schmetterlinge an.

STADTVÖGEL BEOBACHTEN

Überall in der Stadt gibt es Vögel zu entdecken: sei es als ferne Pünktchen am Himmel oder am Papierkorb im Park, wo sie nach Essensresten suchen.

Eine Taube oder die rote Brust eines Rotkehlchens dürften Sie kennen. Aber diese gefiederten Wesen sind mehr als nur huschende Schatten, die an unserem Fenster vorbeifliegen.

Glauben Sie, eine hektische Stadt hätte Vögeln nichts zu bieten? Falsch, gerade die Stadt bietet interessante Lebensräume. In den meisten Städten gibt es grüne Inseln mit einer erstaunlich dichten Vogelpopulation, die hier dank Inseleffekt (siehe S. 105) recht komfortabel leben. Ornithologen haben herausgefunden, dass Stadtvögel später aufstehen. Sie verbrauchen in den warmen Nächten weniger Energie als Vögel auf dem Land, die daher früher zu den Futterplätzen aufbrechen müssen.

Ein Hochhaus ist auch nichts anderes als eine steile Felsenklippe. In London, Chicago und Manhattan kreisen Wanderfalken und Turmfalken häufig um die hohen Gebäude und bauen dort ihre Nester. Auch verwilderte Tauben fühlen sich in unseren Städten wohl. Für sie sind Eisenbahnen, Brücken und andere Betonbauten dasselbe wie Felsklippen für die Felsentauben in der Natur. In London sind die Tauben so häufig, dass sie „Ratten mit Flügeln" genannt werden. Inzwischen nimmt ihre Zahl allerdings wieder ab, weil sie sich nicht mehr auf den Spitzen auf Gesimsen und Fenstern niederlassen können und Sperber in Bahnhöfen und U-Bahnhöfen Jagd auf sie machen. In Moskau haben die Nebelkrähen derart zugenommen, dass die Behörden sie mit trainierten Falken von den Zwiebeltürmen verjagen: Die Krähen lassen sich abrutschen und beschädigen dabei die Vergoldung mit ihren Krallen. Im Kolosseum mitten in Rom wurden Falken frei gelassen, um die Scharen von Amseln, Raben und Möwen zu vertreiben, die in den Ritzen brüten, Steine herabwerfen und die Touristen verletzen könnten.

Die Vögel haben sich an das Leben in der Stadt angepasst und was das über uns aussagt, ist nicht unbedingt angenehm. Niederländische Forscher fanden heraus, dass männliche Vögel in der Stadt sehr viel lauter singen müssen, um sich gegen den Lärm des Verkehrs, der Flugzeuge und der Industrie durchzusetzen. Die Krähen in Wien unterscheiden zwischen bekannten und unbekannten menschlichen Stimmen, was ihnen hilft, potenziellen Gefahren auszuweichen. Leider sind die Zugvögel keine Großstädter: Sie lassen sich von den Lichtern der Wolkenkratzer anlocken und verwirren. In den USA und Kanada sterben Jahr für Jahr 608 Millionen Zugvögel, weil sie gegen Gebäude fliegen. In Kampagnen in Chicago und Toronto werden Büroangestellte aufgefordert, nachts die Lichter im Büro auszuschalten.

Nicht alle, aber doch viele angepasste Vogelarten bauen ihre Nester in menschlicher Nähe – in Radkästen, Hängekörben, Luftschächten von Klimaanlagen, Ampeln und Straßenlampen (siehe Kasten auf S. 141). Sie scheinen sich an den Lärm, das künstliche Licht und die Umweltverschmutzung erstaunlich gut angepasst zu haben. Solche Opportunisten haben ein im Verhältnis zum Körper großes Gehirn – Stadtbewohner müssen eben clever sein.

RURBANITE: David Lindo, Vogelbeobachter in der Stadt, London

Wenn David Lindo in einer fremden Stadt aus dem Flugzeug steigt, geht er nicht direkt ins Hotel, sondern sucht zuerst nach Müllabladeplätzen, Brachen oder einem Park. Inzwischen ist er an die neugierigen Blicke der Taxifahrer gewöhnt und schüttelt sie einfach ab, wie eine Ente das Wasser. Seine Mission gilt den städtischen Vögeln. „Ein Ort, der in unseren Augen mies aussieht, wird von Vögeln unter Umständen ganz anders wahrgenommen. Eines meiner schönsten Erlebnisse hatte ich in Addis Abeba in Äthiopien. Hinter dem Hotel, mitten in der Stadt wurde gebaut. Es stank zum Himmel, weil die Menschen den Bau als öffentliche Toilette benutzten – überall Fliegen. Doch in vier Tagen hatte ich etwa 60 Vogelarten gesehen." David zieht jeden Morgen durch seine geliebten Wormwood Scrubs in London. Hier stehen ein Gefängnis, ein Krankenhaus, Fabriken und ein Depot für den Kanaltunnel und hier leben zahlreiche seiner gefiederten Freunde.

„Sehen Sie die Stadt mit den Augen eines Vogels, betrachten Sie Gebäude als merkwürdige Felswände."

„Viele Menschen denken, in Städten leben nur Tauben", meint er, „dabei können jederzeit alle möglichen Arten aufkreuzen. Wer Vögel in der Stadt beobachten möchte, muss lernen, die Umgebung mit den Augen eines Vogels zu sehen. Ignorieren Sie die Menschen und betrachten Sie die Gebäude als merkwürdige Felswände. Für einen Vogel ist ein Brombeergestrüpp auf einer Kreisverkehrsinsel dasselbe wie eine Insel im Wasser – eine Nahrungsquelle. Für Vögel, die nach einem Nistplatz suchen, ist ein Spalt in einer Klippe dasselbe wie ein Riss in einer Häuserwand oder ein Schlagloch." Lindo glaubt, dass die Menschen wieder zur Natur hingeführt werden, wenn sie die Stadtvögel verstehen. „In Großbritannien leben 80 % der Menschen in Städten", sagt er. „Die einzige Natur, die sie sehen, flimmert in Naturfilmen über den Bildschirm. Wenn sie mehr über Stadtvögel wüssten, würden sie niemals eine Hecke in ihrem Garten roden."

10 Tipps für die Vogelbeobachtung

1. Lernen Sie einen Ort wirklich gut kennen und lieben. Dann fällt Ihnen jede Veränderung sofort auf.
2. Besorgen Sie sich ein gutes Fernglas mit vernünftiger Vergrößerung (7- oder 8-fach) mit einem bequemen Tragegurt.
3. Kaufen Sie sich ein gutes Bestimmungsbuch und downloaden Sie eine ordentliche Bestimmungs-App für Vögel (siehe S. 168–170 für einige Vorschläge).
4. Um Vögel im Flug zu verfolgen, braucht man Übung. Das kann mit langsamen Flugzeugen am Himmel beginnen.
5. Suchen Sie zuerst nach Bewegungen über Ihnen oder in Bäumen und sehen Sie dann erst durchs Fernglas; versuchen Sie nicht, die Vögel direkt im Fernglas zu finden.
6. Versuchen Sie nicht krampfhaft, jeden Vogel zu bestimmen. Schauen Sie den Vögeln einfach nur zu; die Artenkenntnis kommt später.
7. Eine gute Möglichkeit, Vögel zu identifizieren, ist ihr Gesang. Im Internet gibt es jede Menge Audioclips mit Vogelgesängen. Laden Sie eine passende App auf Ihr Smartphone und vergleichen Sie draußen, wenn Sie eine Vogelstimme hören.
8. Gehen Sie früh morgens raus, wenn die Vögel Futter suchen.
9. Schauen Sie nicht nur in die Baumkronen, sondern suchen Sie auch am Himmel nach Wanderfalken, Bussarden und Sperbern. Vielleicht sehen Sie sogar einige Zugvögel hoch über ihnen.
10. Verhalten Sie sich ruhig und schalten Sie das Handy auf Vibrationsalarm um.

Warum hat London so viele Halsbandsittiche?
In Großbritannien leben 31.000 dieser exotischen, lauten Vögel, die meisten in London und im Südosten. Wie gelangten diese Vögel aus dem Himalaja in die englischen Städte? Entscheiden Sie selbst ...

Stadtmythos 1: In den 1960ern ließ Jimi Hendrix ein Pärchen Halsbandsittiche in der Londoner Carnaby Street frei. Könnten das die Nachkommen sein?

Stadtmythos 2: Sie brachen 1951 aus den Isleworth Studios aus, als dort mit Humphrey Bogart und Katharine Hepburn *African Queen* gedreht wurde.

Die 5 besten Plätze, um Vögel zu beobachten

Gärten und Parks
Stadtgärten sind mit ihrer gemischten Bepflanzung aus Bäumen, Hecken, Rasen und Teichen ein idealer Lebensraum für Vögel. Erwarten Sie Rotkehlchen, Amseln, Meisen, Drosseln, Krähen, Spechte, Zaunkönige, Haussperlinge und Heckenbraunellen, in Sommernächten möglicherweise auch Rauchschwalben und Mauersegler.

Grünflächen und Sportplätze
Hier sind die häufigsten Vögel Drosseln, Stare, Finken und Krähen, die nach Samen, Insekten und Würmern picken. Im Winter gesellen sich gern Möwen dazu.

Brachen und Ödland
Hier halten sich besonders gerne verwilderte Tauben, Drosseln, Haussperlinge, Stare, Hausrotschwänze und Finken auf. Das verwilderte Gras und die Brombeeren auf Ödland bieten Heckenbraunellen, Zaunkönigen, Schwarzkappenwürgern, Dorngrasmücken, Zilpzalps, Amseln, Waldschnepfen und manchmal sogar Nachtigallen guten Lebensraum.

Hochhäuser
Hier fliegen Kormorane, Möwen, Enten, Gänse, Wanderfalken und andere Greifvögel vorbei. Die Vögel werden vom Licht angelockt und die Greifvögel suchen dort nach ihrer Beute. Das Leuchtzeichen auf dem Wolkenkratzer in den Londoner Docklands (1 Canada Square) war eine Zeitlang der hellste Fleck in Nordeuropa. Kurz darauf versammelten sich in den Gärten der Umgebung lauter ungewöhnliche Vögel.

Tipp Um Vögel in Ihren Garten zu locken, hängen Sie Nistkästen und Vogelhäuschen auf (siehe S. 140). Pflanzen Sie Arten mit (für Vögel) attraktiven Beeren oder Fruchtständen (siehe S. 114). Auch ein kleiner Teich zum Baden oder Trinken lockt Vögel an (siehe S. 96 „Ein Naturteich im Topf").

PROJEKT

Wie geht's?

FUTTERPLATZ AM FENSTER

Selbst wer in einem Haus ohne Balkone und Fensterbänke lebt, braucht nicht auf Vögel zu verzichten: Legen Sie einen Futterplatz direkt vor der Fensterscheibe an. Das benötigte Material haben Sie ohnehin zur Hand oder können es in einem Laden für Haushaltswaren besorgen. Bis die Vögel den neuen Futterplatz annehmen, können zwar einige Wochen vergehen, doch dann kommen sie regelmäßig. Nehmen Sie Platz und schauen Sie den Vögeln zu. Wenn in der Nähe des Futterplatzes Pflanzen wachsen, fühlen sich die Vögel noch sicherer.

Sie brauchen

- eine durchsichtige Plastikflasche (mit Schraubdeckel)
- eine Schere
- zwei Saugnäpfe aus Plastik mit S-Haken
- Isolierband oder Klebeband
- Vogelfutter
- Schnur (optional)
- Essig
- ein Tuch
- 20 Minuten

Wann? Jederzeit im Jahr

So wird's gemacht

Legen Sie die Flasche auf die Seite und schneiden Sie einen 5 cm breiten Streifen fast über die gesamte Länge heraus. Kleben Sie das Isolierband über die Schnittkanten, damit sie glatt sind. Bohren Sie dann auf die Gegenseite zwei Löcher, eins oben, eins unten. Drücken Sie die S-Haken in die Löcher. Drehen Sie die Flasche auf die Seite und füllen Sie das Vogelfutter bis zum Schnitt ein. Damit die Saugnäpfe sicher am Glas halten, reinigen Sie das Glas mit Essig und Wasser. Legen Sie die Saugnäpfe für 5 Minuten in warmes Wasser, hängen Sie die Haken wieder ein und drücken Sie die Saugnäpfe auf die Scheibe.

OBEN: Kleiber, Goldzeisig und Grünlinge bedienen sich an einer hängenden Futterquelle im Garten.

RECHTS: Haussperlinge leben schon seit Jahrhunderten mit Menschen in den Städten zusammen.

Dicht bebaute Viertel
Verwilderte Tauben, Wanderfalken, Haussperlinge und Stare halten sich auch in der Nähe von Menschen auf. Trauerbachstelzen ruhen sich wegen der Wärme sogar direkt an Einkaufscentern aus. In Leeds hat sich eine Drosselfamilie in der Verkehrsampel über einer befahrenen Kreuzung eingenistet. Ihnen schien der fließende Verkehr ein paar Meter darunter nichts auszumachen.

Tipp Knoten Sie eine Schnur ans obere Ende der Flasche fest; am Fenstergriff anbinden. Sollten sich die Saugnäpfe lösen, fällt die Flasche niemandem auf den Kopf.

7 BESTENS ANGEPASSTE STADTVÖGEL

- Blaumeisen
- Kohlmeisen
- Schwanzmeisen
- Rabenkrähen
- Elstern
- Kleiber
- Zaunkönige

Halten

Hühner, Wachteln und Enten halten
Bienen halten

Vermutlich haben Sie keine Lust, eine Schafherde heimlich über die Tower-Bridge oder Ziegen über die Champs-Élysées zu treiben, aber mit brütenden Hühnern und summenden Bienenstöcken können Sie derartige Träume zumindest teilweise realisieren. Wieso soll bei den Kartoffeln Schluss sein, wenn Sie zusätzlich die Eier und den Honig für Ihren Toast produzieren können?

Wer Tiere hält, übernimmt Verantwortung; handeln Sie nicht übereilt, sondern fragen Sie zunächst in Ihrer Stadt oder beim Vermieter nach, ob sie überhaupt Tiere halten dürfen – Großtiere, wie Schweine, Kühe und Schafe wären ohnehin keine Option für die Stadt. Das sieht bei einem Bienenstock, ein paar Hühnern, Wachteln oder Enten schon ganz anders aus. Für Bienen und Wachteln reicht bereits ein größerer Balkon. Die Vögel liefern Dünger, fressen Unkraut und Schnecken, liefern Eier und sind erstaunlich anhängliche Haustiere. Freuen Sie sich auf viele Frühstückseier.

HÜHNER HALTEN

Ein Stadtgarten eignet sich hervorragend, um ein paar Hühner zu halten; ein Londoner Hühnerhalter nannte sie „Haustiere mit Bonus". Sie legen nicht nur frische, köstliche Eier, sondern sind auch sehr unterhaltsam. Die meisten Hühnerhalter finden ihre Tiere faszinierend. Sie sind freundlich, neugierig und folgen ihnen beim Unkrautjäten durch den Garten. Das Einzige, was sie verlangen, ist eine sichere Unterkunft und Futter – Hühner sind nicht anspruchsvoller als Hunde oder Katzen. Und der Bonus? Drei Hennen legen das ganze Jahr über frische Eier.

In Großbritanniens Gärten werden schätzungsweise 700.000 Hühner gehalten – das ist die höchste Zahl seit dem Zweiten Weltkrieg. Einige davon scharren nicht einmal auf dem Gartenboden herum. Der *Farm:Shop* in Dalston (Ost-London) sieht auf den ersten Blick wie ein normaler, kleiner Laden aus, doch im Hinterhof steht ein Polytunnel, Fische schwimmen im Café in Tanks herum (eine Mini-Aquakultur) und in einem mit Folie ausgekleideten Raum wachsen Tomaten in Hydrokultur. Die größte Attraktion sind jedoch die drei Hennen auf dem Dach, die aus ihrem Käfig auf die Straße blicken können. „Sie fühlen sich wohl", sagt Andy Merritt, der Besitzer des *Farm:Shop*, „und dort oben gibt es keine Füchse." Die drei sind aber bei weitem nicht die einzigen Hühner auf dem Dach. Auf der anderen Seite des Atlantiks haben die Hühner der *Eagle Street Rooftop Farm* einen noch besseren Blick – auf das Empire State Building.

Natürlich stehen schon seit Jahrhunderten Hühnerställe im Stadtbereich und in vielen Städten der Entwicklungsländer ist das bis heute so geblieben (dort streifen sie meist frei herum). In Großbritannien vor und besonders im Zweiten Weltkrieg war es völlig normal, ein paar Hühner im Garten zu halten. Erst nach dem Krieg wurde die Eierproduktion in große Legebatterien verlagert.

Die Hühner, die heute in New York oder London leben, werden nicht aus ökonomischen Zwängen gehalten, denn Eier sind überall billig zu haben. Leider lässt sich das von den Ställen nicht behaupten; es sei denn, Sie sind sehr geschickt mit Hammer und Säge. Immerhin gibt es Hühnerställe zu kaufen, wenn auch nicht überall. Letztlich ist es dasselbe wie beim Gemüse aus dem Garten: Die Hühner erinnern uns an die Natur und daran, woher unsere Lebensmittel stammen – mit eigenen Hühnern protestieren wir gegen die Massentierhaltung. Der Platz, der für eine Henne in der Batterie zur Verfügung steht, ist nicht größer als ein DIN-A4-Blatt – kein Wunder, dass manche Menschen die Sache wieder selbst in die Hand nehmen. Der *British Hen Welfare Trust* berichtet, dass die Zahl der Hennen, die aus Legebatterien in ein neues Heim vermittelt wurden, von 5000 (2004) auf gluckende 60.000 (2011) anstieg.

Der Druck auf die Produzenten von Hühnereiern nahm auch in der EU zu. Seit 2012 ist die konventionelle Käfighaltung in den Ländern der EU verboten: Die Hennen sollen auf Stangen sitzen dürfen, scharren und Staubbäder nehmen. Die Eierindustrie in den USA erwägt ähnliche Schritte. Allerdings haben noch nicht alle Staaten der EU die neue Verordnung ratifiziert. Und es gibt weiterhin Kritik: Die Hennen haben noch keinen Zugang zu Tageslicht oder genügend Platz, um die Flügel auszustrecken.

All das sind gute Gründe, selbst Hühner zu halten und sein Frühstücksei mit gutem Gewissen zu essen. Die zusätzliche Unterhaltung kommt als Bonus dazu: Hennen sind freundlich, sanftmütig und sehen beim Gehen lustig aus.

„Ehrlich, diese Hühner geben einem viel. Nicht nur die Eier, Hühner sind einfach drollig. Gib ihnen die Namen von Bekannten und dir wird nie langweilig!"

@BetteMidler, Twitter, März 2012

5 Gründe, Hühner in der Stadt zu halten

1. Hühner legen köstliche, frische, gesunde Eier. Die meisten „frischen“ Eier im Supermarkt sind drei Wochen alt.

2. Hühner sind lustige Tiere und es macht Spaß, ihnen Namen zu geben. Bei einer Umfrage, die der Hühnerstallproduzent Omlet im Internet veranstaltete, siegten traditionelle Namen wie Henrietta, Daisy, Mabel, Bella und Ruby. Sehr beliebt waren auch Wortspiele; wie wär's mit Attila die Henne, Yoda oder Hanni & Nanni?

3. Wer Eier von wirklich glücklichen Hühnern isst, trägt seinen Teil zum Wohlbefinden der Tiere bei, da sie artgerecht gehalten werden.

4. Hühner fressen Schnecken aus dem Garten (leider auch Salat, Kohl und Tomaten; siehe S. 152) und ihr Kot ist reich an Stickstoff, Phosphat und Kaliumkarbonat – ideal für den Kompost. Streuen Sie den frischen Hühnermist nicht direkt auf die Beete, sonst verbrennen die Pflanzen.

5. Hühnerhaltung kostet nicht viel: Wenn Sie die Grundausstattung zusammen haben, kommen Sie auf etwa 5 Cent pro Tag (17 € pro Jahr).

Der unselige Meister Reineke

Auf dem Land scheinen Hühner zumindest tagsüber keine größeren Probleme mit dem Fuchs zu bekommen, während ihm die armen Stadthühner schutzlos ausgeliefert sind. Wo immer sich Füchse in der Stadt herumtreiben, finden sie ihre gefiederte Beute. Es ist nicht ungewöhnlich, dass ein Hühnerbesitzer ein Gehege voller toter Hühner vorfindet – ein winziges Loch im Draht zeugt von der fleißigen, mehrtägigen Nagearbeit eines Fuchses.

Das einzige Mittel gegen Stadtfüchse ist ein stabiler, fuchssicherer Hühnerstall, der nachts fest verschlossen wird. Lassen Sie Ihre Hühner nur in den Garten, wenn Sie in der Nähe sind. Ich kenne den Fall eines Hühnerbesitzers, der nur Wasser in der Küche aufsetzen wollte. Als er fünf Minuten später zurück in den Garten kam, lagen dort nur noch gruselige Federn herum.

Sie haben sich also entschlossen ...

Kann ich Hühner übers Internet bestellen?

Der beste Weg führt über persönliche Empfehlungen von anderen Hühnerhaltern aus der Bekanntschaft. Wenn sich in dieser Hinsicht nichts tut, suchen Sie im Internet nach Adressen möglichst ortsnaher Anbieter und machen Sie einen Besuchstermin aus, bevor Sie kaufen. Vergewissern Sie sich vom Zustand der Hühner und wie sie vor dem Verkauf gehalten wurden. Kaufen Sie möglichst bereits geimpfte Hühner.

Keine Ahnung von Hühnern – was tun?

Verbringen Sie zuerst einige Zeit mit Hühnern. Nehmen Sie die Tiere probeweise hoch. Fühlen Sie sich wohl dabei? Das gelingt nicht jedem. Wenn Sie niemand kennen, der Hühner hält, suchen Sie Züchter oder Vereine/Vereinigungen in Ihrer näheren Umgebung auf.

Habe ich Zeit für Hühner?

Wie jedes Haustier beanspruchen auch Hühner einen gewissen Zeitaufwand, allerdings kaum mehr als eine Katze. Rechnen Sie pro Tag mit 10 Minuten. Morgens werden die Hühner gefüttert, die Eier eingesammelt und schmutziges Stroh ausgetauscht. Am Abend nochmals füttern und für die Nacht einsperren. Einmal pro Woche fällt das Säubern des Stalls an, alle zwei Monate eine gründliche Reinigung.

Mit wie vielen Hühnern soll ich anfangen?

Ein Anfänger mit durchschnittlich großem Garten und durchschnittlichem Eierverbrauch kommt mit zwei bis drei Zwerghuhn-Hennen aus. Sie sind die Bonsais unter den Hühnern und nur etwa ein Viertel so groß wie normale Hühnerrassen. Außerdem richten sie keine größeren Schäden unter den Gartenpflanzen an. Jede Henne legt jährlich etwa 200 Eier; die genaue Zahl ist abhängig von der Rasse. Beachten Sie, dass die meisten reinrassigen Hühner im Winter keine Eier legen. Hybridhühner legen mehr und ganzjährig, richten aber auch größeren Schaden im Garten an. Obwohl Hühner etwa ein Dutzend Jahre alt werden, lässt die Legeleistung schon nach dem ersten Jahr kontinuierlich nach.

5 Fakten zu Hühnern – hätten Sie's gewusst?

1. Amerikanische Verbraucher bevorzugen weiße, die Briten braune Eier. Die Qualität des Eis ist nicht von der Schale abhängig.

2. Was genau ist eine Henne? Hennen sind die weiblichen, legefähigen Tiere; Hähne sind männlich.

3. Hühner können im Dunkeln nichts sehen, sie machen sich regelmäßig vor der Dämmerung auf den Weg in den Stall.

4. Hennen lassen zwei Drittel ihres Mists nachts auf den Stallboden plumpsen.

5. Araucana-Hühner aus Chile legen blaue Eier.

Die 5 besten Stadt-Glucken

Diese kleinwüchsigen Hühner fühlen sich alle in der Stadt wohl und eignen sich daher für Stadtgärten. Bei Kochrezepten müssen Sie allerdings berücksichtigen, dass Sie drei Eier dieser Zwerghühner brauchen, wenn „zwei Eier“ verlangt werden.

Zwerg-Orpington
Dieses reinrassige Huhn ist sanftmütig und mütterlich, sehr freundlich und knuddelig. Dank des dichten Federkleids verträgt es Kälte. Die Eier sind groß und getönt.

Zwerg-Sussex
Ein plumpes, robustes und freundliches, reinrassiges Huhn mit auffällig schwarz-weißer Farbe. Es legt wunderschön getönte Eier. Die Hühner mögen Leckerbissen und sind neugierig – also nette Begleiter für den Garten und gute Haustiere für Kinder.

Zwerg-Cochin
Diese sanften, reinrassigen Hühner sind ideal für Anfänger. Sie haben kurze Beine und gefiederte Füße. Sie scharren nicht gern und lassen das Gemüse in Ruhe. Allerdings werden die Federn leicht schmutzig. Sie legen hübsche kleine, braune Eier.

Zwerg-Wyandotten
Diese putzmunteren Hühner aus den USA haben eine breite Brust und einen auffallend runden Rumpf. Die reinrassigen Tiere sind liebenswert und zeigen ein sehr hübsch gemustertes Federkleid. Gute Legehennen.

Zwerg-Rhodeländer
Diese Hühnerrasse aus den USA dürfte zu den beliebtesten der Welt gehören. Sie hat die traditionelle rötliche Farbe und legt jede Menge brauner Eier. Ein leises, lebhaftes Huhn mit einnehmendem Wesen: Es geht gern auf die Suche nach Schnecken.

Wo sollen die Hennen wohnen?

Hühner brauchen einen wasserdichten Unterschlupf mit guter Belüftung, eine Stange, auf der sie sitzen können, und einen Platz, an dem sie die Eier legen. Alte Spielhäuser lassen sich sehr gut in einen Hühnerstall umbauen (siehe S. 150), aber auch Hundehütten, Gartenhäuser, sogar alte Schränke. Die meisten Hühnerhalter in der Stadt setzen jedoch auf ein gekauftes Hühnerhaus. Gute Modelle stehen auf Beinen, damit Ratten und Mäuse kein Nest darunter bauen. Die Preise für Plastik- und Holzhäuser liegen in derselben Größenordnung. Vermeiden Sie Dächer aus Dachpappe, weil sich darin Rote Milben als lästige Parasiten festsetzen können. Plastikställe sind besonders pflegeleicht: kräftig abspritzen und wieder trocknen lassen. In leuchtenden Farben und dekorativ gestaltet, wirken sie „trendy". Holzhäuser fügen sich besser in den Garten ein, brauchen aber länger, bis sie trocken sind.

Ich habe nur einen kleinen Garten

Im kleinen Garten haben Sie zwei Möglichkeiten. Entweder kaufen Sie ein kleines, leichtes Hühnerhaus mit integriertem Auslauf, das wöchentlich umgesetzt wird, damit sich das Gras erholen kann. Die Eglu-Hühnerhäuser auf Rädern oder traditionelle Holzhäuser sind speziell an diese Bedingungen angepasst (siehe Quellen S. 168–170).

Die Alternative wäre ein Hühnerstall auf Stelzen mit kopfhohem Auslauf, der einen festen Platz erhält. Er lässt sich einfach reinigen und die Hennen können auf mehreren Ebenen stöbern. Wenn Ihnen diese Lösung zu teuer ist, bauen Sie am Ende des Gartens ein dauerhaftes Gehege und stellen den Stall mitten hinein.

Planen Sie auf jeden Fall genügend Platz ein: Jede Henne braucht mindestens 1 m^2, mehr wäre besser.

Frei laufende Hennen, umsetzbarer Stall

Pro: Sie benötigen keine Erfahrung als Heimwerker.
Kontra: Ihr Gras muss einiges aushalten. Zum Umsetzen des Geheges brauchen Sie mindestens einen Helfer. Wenn die Hennen nicht ab und zu frei laufen dürfen, haben sie zu wenig Platz. Der Rasen ist in den meisten Stadtgärten zu klein und kann sich nicht erholen.

Hennen in festem Gehege mit Stall

Pro: Das Gehege lässt den Hennen mehr Freiraum und ist einfacher zu reinigen. Wenn Sie es selbst bauen, müssen Sie nur den Preis für Pfosten und Maschendraht einkalkulieren. Solange die Hühner das Gehege nicht verlassen, bleibt der Rasen draußen intakt. Sie können das Futter in einem sicheren Behälter innerhalb des Geheges aufheben und müssen es nicht durch den Garten tragen.
Kontra: Je größer das Gehege, desto teurer wird es. Große Konstruktionen sind anspruchsvolle Aufgaben für einen Heimwerker. Wenn Sie den Boden des Geheges nicht mit Rindenmulch auslegen, wird er schlammig.

Wie wird ein Gehege gebaut?

Errichten Sie das Gehege aus 1,80 m langen Pfosten, an die seitlich und als Dach Maschendraht genagelt wird. Legen Sie den Maschendraht am Boden nach außen um und beschweren Sie ihn mit Steinplatten oder Grassoden, damit keine Füchse eindringen können. Im Internet finden Sie jede Menge Anleitungen zum Bau von Hühnergehegen (siehe auch S. 168–170).

RURBANITE: Olivia, Laurie, Vera-Lily und Emmanuel, Hühnerhalter in London

Olivia und ihr Mann Laurie essen Eier mit Speck, während eine Henne, die sie aus der Legebatterie gerettet haben, zur Tür hineinschaut. Vielleicht möchte sie wissen, was mit ihren Eiern geschieht. „Ich kann nicht verstehen, warum ein Gartenbesitzer keine Hühner hält", sagt Olivia. Laurie, der gerade den Rest seines Eis vom Toast wischt, stimmt ihr zu. „Diese Hühner sind Haustiere mit Bonus."

Jeden Morgen sammeln die beiden die Eier ihrer sieben Hennen ein – Zwerghühner, Hybridhühner und aus der Legebatterie gerettete Tiere – deren Zuhause ein 24 m langer Garten in Süd-London ist. Sie bekommen durchschnittlich das ganze Jahr über ein Ei pro Huhn. Die beiden und ihre Kinder Vera-Lily und Emmanuel essen viele Eier, den Rest verschenken sie. „Wir geben sie über den Zaun an unseren jamaikanischen Nachbarn weiter, der sich mit gebratenem Hähnchenfleisch bedankt."

„Hühner sind eine Verpflichtung, aber es macht Spaß – wie Bauernhof spielen."

Im Winter dürfen die Hennen Millie, Flower, Molly, Jake, Henry, Merrylegs und Miss Pepperpot frei im Garten umher laufen. Sie picken Asseln und Würmer, scharren in den Beeten und haben mit etwas Glück keinen Fuchsbesuch. Olivia musste schon einmal barfuß in den Garten rennen, um einen Fuchs zu vertreiben. Von Frühling bis Sommer sind Olivia die Gemüsebeete wichtiger. Dann leben die Hühner in einem geräumigen Gehege hinten im Garten. Manchmal sitzt Olivia auf einem Stuhl und schaut ihnen fasziniert zu. „Mein Mann sieht aus dem Fenster und ruft mir zu: ‚Du siehst aus wie meine verrückte Frau im Käfig'."

Olivia arbeitete früher als Brand Director; sie hält nun seit vier Jahren Hühner. Ihr Garten ist ein Lob auf die Nachhaltigkeit: Kein teures Hühnerhaus von der Stange, sondern ein altes Spielhaus für Kinder, das sie bei eBay ersteigert hat und das die Kinder bemalt haben. Die „Nistboxen" bestehen aus einer flach liegenden Leiter für ein Hochbett; in die Lücken hat sie Hobelspäne gefüllt. Die Stangen für die Hühner sind diagonal an die Wände geschraubte Bretter. Das 5 x 5 m große Gehege am Gartenende ist ein Vogelschutzkäfig. Olivia hat das Netz entfernt und den Maschendraht mit Kabelbindern an den Pfosten befestigt. Zum Schutz vor grabenden Füchsen liegt der Maschendraht auch unter dem Boden. Im letzten Sommer hat sie ein Hühnerhotel für ihre Nachbarn eröffnet, die in Urlaub fahren wollen. „Die Kinder haben Menüs für die Fütterung zusammengestellt und Schilder gemalt, auf denen ‚Wohngemeinschaft' und ‚Privatzimmer anzubieten' steht. Hühner sind eine Verpflichtung", meint sie, „aber das sind andere Haustiere auch. Es macht Spaß – wie Bauernhof spielen."

Tipp Wenn Sie nicht jeden Morgen aufstehen wollen, um die Hühner herauszulassen, sollten Sie beim Kauf des Hühnerstalls in eine automatische Tür investieren.

Tipp Tun Sie Ihren Nachbarn einen Gefallen und kaufen Sie keinen Hahn. Hühner legen ihre Eier auch ohne ihn.

Get your
Fresh Eggs
here

Was brauche ich noch?

Neben dem festen Stall und einem Gehege brauchen Sie Futter- und Wasserspender, Streu (Pferdestreu oder Stroh – Heu macht Hühner krank), Futter (am einfachsten Pellets für Legehennen; nachmittags mit Körnern als Leckerei) und Magensteinchen zum Vorverdauen des Futters. Für die Reinigung des Stalls brauchen Sie Kehrschaufel und -besen, Schaber, Handschuhe und ein Desinfektionsmittel. Heben Sie das Futter in einem Metalleimer mit verschließbarem Deckel auf. Wenn das Gehege genug Platz bietet, kann der Eimer dort stehen bleiben.

Hühner auf dem Dach?

Beim beengten Raum in der Stadt sind Hühner auf dem Dach eine gute Idee. Allerdings brauchen Sie einen schattigen, geschützten Platz. Immerhin stammen die Vorfahren der Haushühner aus dem Dschungel und ein Dach ist doch ein sehr exponierter Ort. Vorteil: Auf dem Dach sind sie sicher vor dem Fuchs (unterschätzen Sie aber nicht dessen Kletterkünste).

Und was ist mit dem kostbaren Gemüsegarten?

Ja, Hühner machen sich über Gartenpflanzen und Gemüse her – ohne Extraschutz geht nichts. Andererseits lieben Hühner Schnecken, was sie zu sehr nützlichen Gartenbewohnern macht. Decken Sie einzelne Jungpflanzen mit Glocken, Käfigen oder Ostkörben aus Plastik ab (im Gemüseladen nachfragen). Decken Sie Pflanzen in Hochbeeten mit einem Maschendraht ab und schützen Sie neu gepflanzte Gehölze mit Steinen auf dem Boden, damit die Hühner nicht die Wurzeln frei scharren.

8 DER BESTEN LECKERBISSEN

Hühner lieben eine kleine Leckerei am Nachmittag. Sie sollten aber nicht übertreiben, einmal täglich ist genug. Die meisten Hühner haben besondere Vorlieben, beispielsweise für ...

Getreide: Hierfür bietet der Fachhandel Körnermischungen als Zusatzfutter an.

Käse

eisgekühlte Wassermelonen an einem heißen Tag

gekochte Nudeln

gekochter Reis

Gurken

Sonnenblumenkerne: Säen Sie Sonnenblumen und heben Sie die Fruchtstände als Winterfutter auf.

Zuckermais: Hängen Sie einen ganzen Maiskolben auf, aus dem sich die Hühner die Körner herauspicken.

Tipp Hennen bevorzugen Pflanzen, die noch in der Erde wachsen. Säen Sie in einem Obstkorb schnell wachsenden Mangold, Salat, Spinat oder andere Blattsalate aus. Wenn die Pflanzen 20 cm hoch sind, stellen Sie den Korb ins Gehege. Nehmen Sie ihn weg, bevor die Wurzeln beschädigt werden; nach ein paar Wochen sind neue Blätter ausgetrieben.

Wie geht's? EINE KOSTENLOSE, HÜHNERSICHERE PFLANZENGLOCKE

Sie brauchen

eine große Plastikflasche (Mineralwasser oder Softdrink)

Schere oder Bastelmesser

zwei dünne Pflanzenstützen oder Essstäbchen

10 Minuten

Wann?

Jederzeit

So wird's gemacht

Schneiden Sie den Boden der Flasche heraus und schrauben Sie den Verschluss ab. Schneiden Sie zwei, einander gegenüberliegende Schlitze hinein (3 cm über dem Boden). Stülpen Sie die „Glocke" über eine empfindliche Pflanze und stecken Sie die Stützen durch die Schlitze. Fest in den Boden drücken, damit die Hühner die Flasche nicht umwerfen können.

Tipp Werfen Sie den Flaschenboden nicht weg. Er eignet sich gut als Untersetzer für Töpfe auf der Fensterbank.

5 PFLANZEN, DIE HÜHNER MÖGEN

Brennnesseln (siehe S. 124)
Fetthenne, Mauerpfeffer (*Sedum*)
Klettenlabkraut (siehe S. 124)
Löwenzahn (siehe S. 124)
Vogelmiere (siehe S. 124)

WACHTELN HALTEN

Diese friedfertigen Vögel aus der Fasanenfamilie legen pro Tag ein Ei, brauchen nur wenig Platz und sind erstaunlich gut für den Stadtgarten geeignet. Wachteln müssen im Gehege bleiben oder sie sind auf Nimmerwiedersehen weg, da sie im Unterschied zu Hühnern sehr gut fliegen können. Wachteln haben zwar weder die Persönlichkeit von Hühnern noch die Komik von badenden Enten, aber sie sind hübsche, zierliche Vögel, die sehr zahm werden und sich an Menschen gewöhnen. Sie legen winzige Eier, die nur ein Drittel so groß sind wie Hühnereiner – sehr teuer in Delikatessengeschäften. Weich gekochte Eier schmecken köstlich zu Spargel, hart gekochte in Salaten, eingelegt als kleine „Schottische Eier" oder zum Backen. Wenn Sie es übers Herz bringen – Wachtelfleisch ist eine Delikatesse. Wachteln werden zwei bis drei Jahre alt und legen Eier, sobald sie sechs Wochen alt sind.

Wo kann ich Wachteln kaufen?

Suchen Sie in Anzeigeblättern oder fragen Sie bei Geflügelzüchterverbänden nach. Auch die Bestellung über das Internet ist möglich. Allerdings sollten Sie sich vorher sorgfältig informieren; das gilt für jegliches Geflügel. Am besten kauft man auf persönliche Empfehlung bei lokalen Züchtern.

Welche Rassen?

Die Rassen, die am häufigsten angeboten werden, sind Japanwachteln, Chinesische Zwergwachteln, Italienische und Wilde Wachteln.

Was fressen Wachteln?

Wachteln fressen zerdrückte Pellets für Legehennen, Körner und Küchenabfälle. In Maßen dürfen sie auch gekochte Nudeln, Reis, Kuchen, Zuckermais und Salat bekommen. Dazu mögen sie Wildkräuter, wie Vogelmiere und Fetthenne, besonders gern picken sie Schwarze Blattläuse von den Bohnenpflanzen ab.

Wie bringe ich die Wachteln unter?

Wachteln dürfen nicht frei laufen wie Hühner, sonst fliegen sie weg. Es gibt spezielle Wachtelgehege (die Firma *Omlet* bietet ein Wachtel-Eglu mit einem 2 x 1 m großen Auslauf an), aber viele Wachtelhalter bevorzugen einen Kaninchenstall und bauen daran ein raubtiersicheres Freigehege an (ideal ist ein Hühnerfreigehege für drei bis vier Hühner). Tauschen Sie die feste Rückwand des Kaninchenstalls gegen einen Maschendraht aus, denn die Wachteln bevorzugen eine hellere Umgebung als Kaninchen. Bei den meisten Kaninchenställen ist eine spezielle Region für die Muttertiere abgetrennt; sie sollte entfernt werden. Streuen Sie Sägespäne auf den Stallboden und stellen Sie eine Plastikschale oder ein Tablett mit trockenem Sand hin: Wachteln lieben Staubbäder. Versorgen Sie die Wachteln mit einem Wasserspender für Kaninchenställe und einem Wasser- und Futterspender für Hühner. In ihrem Gehege sind die Wachteln auch nachts sicher vor Raubtieren, müssen also nicht eingesperrt werden. Wenn sich Wachteln bedroht fühlen, fliegen sie senkrecht auf – jedes Mal, wenn die Stalltür geöffnet wird. Da sie eine hohe Abfluggeschwindigkeit erreichen, stoßen sie heftig an die Decke und könnten sich verletzen. Sie brauchen also entweder einen niedrigen Stall (unter 75 cm), in dem sie noch zu langsam sind, oder einen mindestens 1,80 m hohen Stall, in dem sie nicht an die Decke stoßen.

Wie viele Wachteln sollte ich halten?

In einem durchschnittlich großen Kaninchenstall (120 x 60 cm) fühlen sich sechs bis acht Wachteln wohl. Die meisten Halter setzen auch einige männliche Wachteln dazu, denn Wachteln sind soziale Tiere und lieben die Dynamik einer Familie.

Was brauchen Wachteln noch?

Reinigen Sie den Stall einmal pro Woche und stellen Sie das Wachtelgehege alle paar Wochen um, damit sich das Gras erholen kann. Rechnen Sie pro Woche eineinhalb Stunden Arbeitsaufwand – eine Stunde für die Reinigung und täglich einige Minuten für Futter, frisches Wasser und die Eiersuche. Wachteldung ist trocken und kann im Garten als Dünger verstreut werden.

ENTEN HALTEN

Beatrix Potters rührende „Geschichte von Emma Ententropf" hat bei vielen nachhaltig das Bild dieser Wasservögel geprägt – aber Enten als Stadttiere?

Tatsächlich macht sich ein Entenpaar ganz gut im Garten. Sie leben gesellig, legen viele nährstoffreiche Eier, die vor allem in Backwaren köstlich schmecken, halten die Schnecken unter Kontrolle und sind nicht so anfällig für Krankheiten oder Milben wie Hühner. Enten sind freundliche, lustige Tiere, die sehr zutraulich werden und aus der Hand fressen. Außerdem sind sie gute Wächter, da sie jeden Fremden anquaken.

Die kleineren Entenrassen brauchen zwar keinen Teich, müssen aber baden und sich waschen können. Schon ein Plastik-Planschbecken, eine Schubkarre oder eine Wanne, die mit frischem Wasser gefüllt werden, machen sie glücklich.

Wie viele Enten brauche ich?

Wie die Hühner sind auch Enten gesellige Tiere, die sich schnell einsam fühlen. Kaufen Sie also mindestens zwei Enten. Die meisten Züchter geben sie ohnehin als Pärchen ab – einen (männlichen) Erpel und eine (weibliche) Ente.

Wie viel Platz brauchen Enten?

Ein Paar kleiner Enten braucht 7 x 8 m Platz; größere Rassen mindestens 12 x 12 m. Alle Enten müssen regelmäßig baden und brauchen eine freie Fläche, um darauf herumzulaufen. Wenn Ihr Garten groß genug ist, zäunen Sie am besten eine entsprechende Fläche ein und setzen den Zaun alle paar Wochen um, damit sich das Gras erholen kann.

Verwandeln Enten nicht jeden Garten in ein stinkendes Schlammbad?

Ja und nein. Enten gründeln im Wasser, platschen herum und wühlen den Boden auf. Ein Garten mit tonigem Boden dürfte sich in der Tat in ein Schlammbad verwandeln, während sandige Böden trockener bleiben. Im warmen Sommer ist die Gefahr weniger groß als im feuchten Winter – dann können Sie Ihren Rasen vergessen. Streuen Sie die Umgebung des Teiches mit Kies aus, um die „Verschlammung" zu reduzieren. Entenmist ist lästig, aber ein guter Dünger.

Ich habe keinen Teich. Wie kommen meine Enten zu Wasser?

Kinder-Planschbecken aus Plastik eignen sich bestens für Enten; wechseln Sie das Wasser alle zwei Wochen aus. Auch die Schalen von Plastikschubkarren geben gute Becken ab. Legen Sie unterschiedlich hohe Objekte in der Umgebung aus, damit die Enten problemlos ins Becken steigen können. Sie können auch möglichst breite, flache Plastikwannen an mehreren Stellen im Garten aufstellen. Die Enten suchen sich dann ihr Planschbecken selbst aus. Wenn Sie die leichten Becken regelmäßig umstellen, wird auch die Gefahr der Schlammbildung etwas reduziert.

Sind Enten laut?

Weibliche Enten quaken, die Erpel nur, wenn man sie anfasst. Reden Sie zuerst mit Ihren Nachbarn, bevor Sie Enten kaufen. Die ruhigsten Rassen sind Campbell-Enten und Indische Laufenten, während Zwergenten deutlich lauter sind.

Wie schmecken die Enteneier?

Enten legen außerordentlich produktiv. Manche Rassen bringen es pro Jahr auf 300 blaue oder weiße Eier. Wie die reinrassigen Hühner stellen sie über den Winter das Legen ein. Enteneier sind nährstoffreicher als Hühnereier und ideal für Backwaren oder Quiche.

Welche Rassen passen am besten in die Stadt?

Die hübschen Zwergenten – kaum größer als Tauben – sind von der Größe sehr gut als Stadtenten geeignet, doch ihr lärmendes Gehabe schreckt viele ab. Die Zwerg-Appleyard-Enten sind ruhiger und legen jährlich 100 bis 180 Eier. Die mittelgroßen, braun-weißen Campbell-Enten halten sich aufrecht, legen jährlich etwa 200 Eier und sind ruhig und friedlich; sie fliegen nicht. Die Indischen Laufenten halten ihren Körper noch aufrechter – sie erinnern an laufende Flaschen – und legen pro Jahr 150 Eier. Die Rasse ist in Farbschlägen zwischen Schokoladenbraun über Rehbraun bis Apricot erhältlich.

Was fressen Enten?

Enten machen sich über alle Schnecken im Garten her, mit oder ohne Gehäuse, allerdings auch über die Goldfische im Gartenteich. Auf der Plusseite steht immerhin, dass sie alle Mückenlarven aus dem Teich fressen. Außerdem graben sie nach Würmern. Sie werden täglich mit Futterpellets, Küchenabfällen, Gras und Gartenunkräutern gefüttert. Da sie mit ihrem Schnabel nicht picken können, sollten Sie das Futter zerkleinern.

Fressen Enten die kostbaren Gartenpflanzen?

Enten, die regelmäßig mit Pflanzen aus der Küche und Pellets gefüttert werden, lassen die Gartenpflanzen gewöhnlich links liegen. Besonders gefährdete Pflanzen sollten Sie dennoch mit Netzen schützen.

Sind sie durch Raubtiere gefährdet?

Sehr! Wenn ein Fuchs die Chance bekommt, schlägt er zu. Schützen Sie Ihre Enten mit denselben Einrichtungen wie Hühner (siehe S. 146). Einigen Sorten müssen die Flügel gestutzt werden, sonst fliegen sie weg. Schließen Sie die Enten nachts in einem Stall ein (im Internet werden viele Ställe angeboten), morgens dürfen sie wieder heraus. Viele Entenbesitzer lassen ihre Vögel tagsüber frei durch den Garten streifen, vor allem, wenn sie ein Auge darauf haben können. Wenn Sie das Haus verlassen, sollten Sie die Enten allerdings in ein fuchssicheres Gehege einschließen.

BIENEN HALTEN

Wer seinen Kopf in den letzten zehn Jahren nicht in einem Honigtopf vergraben hatte, der weiß, dass die Bienen weltweit bedroht sind. Da sie rund ein Drittel unserer Nahrungspflanzen bestäuben, könnte das auch für uns bedrohlich werden. Zwischen 2006 und 2009 verschwanden in den USA 35% der Bienen. In Europa starben allein 2008 35% der 13,6 Millionen Honigbienen und in Großbritannien hat sich die Bienenpopulation in den letzten 25 Jahren halbiert. Egal, ob die Hauptschuld bei der Landwirtschaft und ihrem Insektizideinsatz (siehe S. 98), bei den Varroa-Milben, Pilzkrankheiten oder im mysteriösen Völkerkollaps zu suchen ist: Die Bienen brauchen Hilfe. Und diese finden sie an unerwarteten Stellen – in den Städten.

Von Brooklyn bis Hongkong, Paris, London, Amsterdam und Berlin werden auf Dachgärten und in Gärten Bienenstöcke aufgestellt. Die Mitgliederzahl der *British Beekeepers Association* hat sich in den letzten drei Jahren verdoppelt. Allein in Groß-London gibt es 12.000 Bienenstöcke. Seit New York 2010 das Verbot der Bienenhaltung aufgehoben hat, nahm die Zahl der Imker um das Vierfache zu, mit jetzt 400 Bienenstöcken in der Stadt. Das *Melbourne City Rooftop Honey Projekt* hat 40 Bienenkörbe in den Restaurants, Hotels und Cafés der australischen Stadt aufgestellt und plant noch mehr.

Die Bienen sind so sehr ins Bewusstsein der Stadtbewohner gerückt, dass die niederländische Elektronikfirma Philips einen Bienenstock für das Zimmer entwickelt. Der Bienenkorb aus orange getöntem Glas hängt im Zimmer mit einer Verbindung durch die Wand nach draußen, durch die die Bienen ein- und ausfliegen. Mit einer Zugschnur wird Rauch in den Bienenstock geblasen, um die Tiere zu beruhigen, wenn man den Stock öffnen möchte. Noch ist dieser Bienenstock nur ein Prototyp, aber möglicherweise sieht man bald häufiger Bienen aus Hauswänden ein- und ausfliegen.

Die neue Generation städtischer Imker ist nicht nur am Honig interessiert. Die Imkerei hat sich vom biederen Hobby gesetzter, ländlicher Pensionäre zu einer agilen Umweltbewegung gemausert. Die städtischen Imker sehen ihr Hobby im größeren Kontext der Nachhaltigkeit und nehmen den Honig als Bonus mit.

Honigbienen mögen die Stadt. In einer Großstadt werden viel weniger Insektizide gespritzt als in landwirtschaftlich genutzten Regionen und auf dem Dach sind die Stöcke sicher vor Raubtieren und Vandalen. Während die Honigbienen auf dem Land vor allem auf große Felder mit Rapsblüten abonniert sind, bietet sich Stadtbienen in Gärten, Blumenkästen, Straßenbäumen und Parks ein reichhaltiges Blütenangebot. Daher ist der Honig von Stadtbienen oft aromatischer und vielfältiger. Da das Stadtklima außerdem ein paar Grad wärmer ist als im Umland, stehen Nektar und Pollen über einen längeren Zeitraum zur Verfügung.

Die Stadtbienen fühlen sich offensichtlich wohl, denn nach Berichten städtischer Imker produzieren sie mehr Honig als ihre Vettern auf dem Land. Die Bienenstöcke auf dem Dach des Palais Garnier in Paris liefern jährlich 30 kg Honig – laut dem stolzen Imker Nicolas Geant ist das doppelt so viel, wie Bienen auf dem Land schaffen. Die Berliner Imkerin Erika Mayr erntet pro Kolonie beeindruckende 40 kg – rund 180 Glas Honig pro Stock.

Je mehr Bienen in den Städten leben, desto größer muss natürlich auch das Blütenangebot sein, damit sie genügend Nektar und Pollen finden. Daher müssen in Parks und Gärten, auf Dächern und in Pflanzkästen noch mehr Blumen mit bienenfreundlichen Blüten wachsen. Das dürfte allerdings keine Schwierigkeit sein. Bienen zu halten verlangt Engagement und einige Einstiegskosten. Danach folgt aber eine süße Belohnung – nur mit gelegentlichen Bienenstichen als Wermutstropfen. Mit dem richtigen Training kann jeder, der einen kleinen Garten oder Dachgarten besitzt, Bienen halten. Das freundliche Summen ist ein guter Ausgleich für Stress. Wer seinen Bienenstock in einer ruhigen Gartenecke oder hoch über dem Straßenverkehr auf dem Dach kontrolliert, wird ruhiger und entspannter. Ein Blick in den Bienenstock, der eine komplett eigene Welt beherbergt, kann daran erinnern, dass es mehr gibt als die kleinen Alltagssorgen.

Warum Bienen in der Stadt?

1. Es ist faszinierend, ihnen zuzusehen.

2. Sie machen einen köstlichen Honig, der intensiver und komplexer schmeckt als Honig vom Land.

3. Bienenstöcke tragen zum Erhalt der Bienen bei.

4. In Städten gibt es fast während des ganzen Jahres sehr unterschiedliche Blüten, nur wenige Insektizide und Dachgärten sind gut geeignete Orte für einen Bienenstock.

5. Honig hilft gegen Heuschnupfen. Angeblich versorgt ein Löffel Honig pro Tag den Körper mit genügend Pollen, um Allergien abzuschwächen.

Sie möchten also Bienen halten ...

Welche Ausrüstung ist erforderlich?

Zunächst Bienen und mehrere Bienenstöcke; fangen Sie mit zwei Stöcken an, um das Verhalten der Kolonien zu vergleichen. Falls etwas schief läuft, haben Sie zumindest einen Stock als Ersatz.

Dazu brauchen Sie einen Bienen-Raucher, einen speziellen Haken, um die Rahmen aus dem Stock zu heben, Schutzkleidung und Handschuhe. Die Kleidung (Overall oder Hut mit Schleier) bekommen Sie unter Umständen gebraucht. Besondere Handschuhe sind nicht erforderlich, normale Gummihandschuhe für die Küchenarbeit tun es auch.

Kann ich Bienen übers Internet kaufen?

Nein. Bevor Sie auch nur einen Cent ausgeben, nehmen Sie an einem Einführungskurs teil, um ein Gefühl für die anfallenden Arbeiten zu bekommen. Im Internet finden Sie die Adressen von örtlichen Vereinen. Versuchen Sie einen Imker aus der Nähe als Mentor aufzutreiben, der Ihnen im ersten Jahr mit Rat und Tat zur Seite steht. Bienen sind nichts für jeden – Stiche gehören dazu und Bienenvölker ändern ihr Verhalten im Jahreslauf. Deshalb sollten Sie sich ganz sicher sein, ehe Sie die Imkerei zu Ihrem Hobby machen. Wenn Sie einem Verein beitreten, finden Sie jederzeit Ansprechpartner, die Ihnen helfen.

Was werden die Nachbarn sagen?

Reden Sie auf jeden Fall mit Ihren Nachbarn, bevor Sie Bienenkolonien kaufen. Vielleicht reagiert einer der Nachbarn allergisch auf Bienenstiche oder hat andere Einwände. Sobald sie merken, dass sie nicht direkt in der Einflugschneise wohnen, werden die meisten Nachbarn eher neugierig als verärgert. Oft hilft auch ein Glas kostenloser Honig.

Habe ich genug Zeit für Bienen?

Rechnen Sie im Herbst und Winter etwa eine Stunde pro Woche, um den Eingang in den Stock frei zu halten und zu prüfen, ob die Bienen genügend Nahrung haben. Im Frühling und Sommer müssen die Bienen mit Zuckerlösung gefüttert, die Rahmen für die Waben überprüft und die Varroa-Milben bekämpft werden, was pro Woche mehrere Stunden dauert. Der Honig wird im Juli geerntet.

Wie viel Honig liefern Bienen?

Ein typischer Bienenstock in der Stadt liefert im Jahr 25 bis 30 Gläser à 500 g.

Wie komme ich an den Honig?

Für den Anfang kann man sich die erforderliche Ausrüstung bei einem Verein oder einem anderen Imker ausleihen. Als Einsteiger lässt man sich am besten von erfahrenen Imkern beim Schleudern des Honigs und dem Befüllen der Honiggläser helfen.

Werde ich gestochen?

Alle Imker werden früher oder später gestochen, aber Honigbienen sind nicht per se aggressiv. Wenn man nicht gerade über den Bienenstock stolpert oder sich direkt vor den Eingang stellt, kümmern sich die Bienen nicht um Menschen.

Wo soll der Bienenstock stehen?

Sobald der Bienenstock erst einmal steht, darf er auf keinen Fall mehr umgestellt werden. Suchen Sie also einen wirklich guten Platz. Die Bienenstöcke brauchen einen Standort, wo sie vor Vandalen sicher sind. Er sollte trocken sein – Bienen hassen Nässe – und der Eingang möglichst nach Süden weisen, allerdings nicht direkt auf ein Haus.

Die besten Plätze für Bienenstöcke in der Stadt

Auf dem Dach
Flachdächer oder Absätze zwischen zwei schrägen Dächern sind ideale Standorte: Sie liegen geschützt und die Bienen haben weder von Menschen noch von Fraßfeinden etwas zu befürchten. Genauso gut eignen sich die Flachdächer von Garagen und Gartenschuppen. Allerdings sind die Stöcke unter Umständen schlecht erreichbar, vor allem mit schwerer Ausrüstung – testen Sie, wie gut das geht. Außerdem sollte kein Bienenstock höher stehen als eine hohe Baumkrone.

Im Garten
Wenn die Stöcke sicher stehen, sind Gärten ideale Standorte. Falls Kinder oder Hunde in den Garten kommen, sollten Sie den Stock mit einem Zaun schützen. Ein Platz unter einem Baum ist ungünstig, da abbrechende Äste auf den Stock fallen könnten.

Auf dem Balkon
Ein Balkon ist perfekt für einen Bienenstock, sofern er genügend Platz bietet und nicht höher ist als ein großer Baum; denn höhere Balkone anzufliegen, kostet die Bienen zu viel Kraft. Sie brauchen mindestens 60 x 60 cm für den Stock, dazu ausreichend Platz, um ihn zu öffnen und die Brut, die Königin und den Honig zu überprüfen. Die Vorderseite des Stocks muss vom Haus weg zeigen; Bienen brauchen mindestens 30 cm Abstand zwischen Ausflugsloch und dem ersten festen Hindernis (Geländer).

LINKS: Die Rahmen müssen im Frühling und Sommer regelmäßig überprüft werden.

UNTEN: So lange sie nicht höher sind als ein großer Baum, bieten Dachgärten ideale Plätze für Bienenstöcke.

Was tun, wenn die Bienen schwärmen?

Sobald die Population eines Stocks eine bestimmte Größe erreicht, schwärmen die Bienen aus. Dann verlässt die alte Königin mit etwa der Hälfte des Volks den Stock. Dieses Verhalten ist in der Natur sehr sinnvoll, um die Population der Bienen zu vergrößern. Doch ein Bienenschwarm am Baum, am Dach oder am Motor eines Motorrades mitten in der Stadt kann die Menschen ängstigen. Ein erfahrener Imker weiß das Schwärmen zu verhindern (der Königin die Flügel stutzen oder die Kolonie rechtzeitig teilen). Anfänger sollten auf jeden Fall einen erfahrenen Imker zu Hilfe rufen und unbedingt an einem Kurs teilnehmen, um die wesentlichen Fakten über Schwarmkontrolle und Einfangen zu erlernen.

Welche Krankheiten drohen den Bienen?

Die größte Herausforderung für einen Imker ist die Varroa-Milbe, die in allen Bienenstöcken vorkommt. Auch taube Brut oder der *Colony Collapse Disorder* (CCD, Völkerkollaps) bedrohen ein Bienenvolk. Ein Imker muss Krankheiten rechtzeitig erkennen (einige sind sogar meldepflichtig) und die geeigneten Mittel anwenden können. Auch hier sind die organisierten Vereine sehr hilfreich.

Darf ich den Honig verkaufen?

Da Honig ein reines Naturprodukt ist, darf man ihn an Freunde und Bekannte verkaufen. Allerdings gibt es gesetzliche Bestimmungen über die verwendeten Gläser (zertifizierte Imker benutzen spezielle Gläser) und die Vermarktung. Obwohl bei kleinen Mengen keine Probleme auftreten dürften, sollten Sie bei einem Verein oder einer Organisation nachfragen. Verschenken dürfen Sie Ihren Honig auf jeden Fall – denken Sie an die Nachbarn.

6 INTERESSANTE FAKTEN ÜBER BIENEN

Eine durchschnittliche Arbeiterin produziert in ihrem rund sechswöchigen Leben etwa ein Zwölftel eines Teelöffels Honig.

In einem üblichen Bienenstock leben 35.000 bis 50.000 Bienen.

Bienen haben keine Knie.

Bienen können kein Rot sehen.

Honigbienen halten keine Winterruhe. Sie drängen sich um die Königin zu einem fußballgroßen Schwarm zusammen und zucken mit den Muskeln, um Wärme zu erzeugen.

Für einen Tropfen Honig muss eine Arbeiterin 1500 Blüten anfliegen.

RURBANITE: Camilla Goddard, städtische Imkerin in London

Camilla Goddard war im Auktionshaus Sotheby's in London angestellt. Inzwischen kümmert sich die Spezialistin für moderne Kunst um eine eigene Installation: Im Imkeranzug mit Raucher in der Hand läuft sie über ein Dach. Die Bienen in ihren 30 Bienenstöcken wohnen an besonders privilegierten Orten der Hauptstadt mit großartigen Ausblicken: auf dem Dach eines Luxushotels, einem Appartementhaus in Soho, das einem Oskargewinner gehört, auf einer Parfümerie in Covent Garden und auf dem Garrick Club, wo ihre Bienenstöcke in den Clubfarben lachsrosa und gurkengrün angestrichen wurden. Dort war immerhin der Autor A. A. Milne Mitglied, dessen *Winnie the Pooh* sicher nichts gegen etwas Honig einzuwenden gehabt hätte. In Greenwich stehen vier Bienenstöcke auf der eingezäunten Grabstätte von Kapitän Hardy (der Kapitän von Admiral Nelsons Flaggschiff). Eigentlich sollten die Bienenstöcke die blauen Plaketten der Royal Society tragen.

Was treibt sie dazu an? „Man lebt völlig in den Jahreszeiten und der Natur", sagt Camilla, die daran arbeitet, Imkermeisterin zu werden. Bienen suchen immer nach den gerade verfügbaren Blüten. „Im Frühling duftet ihr heller Honig nach Holunderblüten; ich hatte auch schon Honig mit dem Aroma von Minze. Während der Sommer fortschreitet, wird der Honig dunkler. Die Farbe des Pollens auf den Beinen der Bienen verrät schon, welche Blüte sie besucht haben."

„Städte sind gut für Bienen, weil es weniger Insektizide gibt."

Wo sieht sie die Gründe für die zunehmende Bienenhaltung in der Stadt? „Es geht viel darum, aktiv Anteil am Kreislauf der Dinge zu nehmen", sagt sie. „Ich denke, Menschen tun das, um nachhaltig zu leben. Und Städte sind gut für Bienen, weil es weniger Insektizide gibt. Einige Bienenhalter in London ernten nicht einmal den Honig. Sie wollen nur etwas für die Bienen und die Umwelt tun."

Camilla tut alles für ihre Bienen. Selbst wenn sie irgendwann am Tag gerufen wird, um ein ausgeschwärmtes Bienenvolk von einem 6 m hohen Schornstein zu holen! Sie glaubt, dass der Honig ihren Heuschnupfen kuriert hat. Jedes Frühjahr hält sie einige der 60 Gläser Honig pro Stock zurück, um die Wünsche ihrer Bekannten mit Heuschnupfen zu erfüllen. „Ich brauche den Honig für die schniefenden, unter Heuschnupfen leidenden Menschen, die mich anrufen."

Camillas Tipps für Imker-Neulinge

1. Fangen Sie mit einem Standard-Bienenstock und einem Volk aus vertrauenswürdiger Herkunft an.

2. Es dauert einige Zeit, bis sich Bienen und Menschen aneinander gewöhnt haben. Geben Sie nicht gleich nach den ersten Stichen auf. Mit der Zeit werden Sie geduldiger – und die Bienen auch.

3. Beginnen Sie Ihr Imkerdasein am Anfang des Jahres. Anzug und Ausrüstung sind teuer und daher gute Weihnachtsgeschenke. Damit können Sie früh im Jahr loslegen.

4. Treten Sie einem Verein bei und beteiligen Sie sich an Internetforen.

5. Fehler sind menschlich.

Mit Gesumm auf Zucker

Bienenzüchtern in Brooklyn fiel 2011 auf, dass ihre Bienen mit leuchtend roten Bäuchen von den Ausflügen zurückkamen. Ein Test zeigte: Ursache war ein Farbstoff aus der Lebensmittelindustrie. Denn die Bienen hatten in einer nahe gelegenen Fabrik für Kirschkonserven genascht. Sie sind nicht die einzigen Bienen mit Lust auf Süßwaren: Ein Imker, der in Long Island neben einer Bonbonfabrik wohnt, beobachtete, dass seine Bienen im Stock einen sehr zuckrigen Sirup produzierten – und zwar regenbogenartig in Rot, Blau und Grün.

Der Duft der Städte

Der Trend, Bienen in der Stadt zu halten, breitet sich weltweit aus und damit auch landestypische Besonderheiten. Michael Leung war 2010 der erste Imker in Hongkong. Er stellte seine Bienenstöcke auf den Dächern von Wohnhäusern auf. Chinesen begegnen ihren Bienen ohne Schutzkleidung (ohne Handschuhe und Kopfnetze) und ohne Raucher. „Auf diese Weise sind wir unseren Bienen näher und stören sie so wenig wie möglich", sagt er. Wenn wir mit den Bienen arbeiten, warten wir auf einen sonnigen Tag und bewegen uns sehr langsam."

Eine neue Generation von Stadt-Gärtnern in Brooklyn sieht in dem leisen Summen der Bienen etwas beinahe Spirituelles. „Seit ich Bienen halte, hat mein Leben einen Sinn. Es ist meine Religion und hält mich geistig gesund", sagt die 30jährige Megan Paska, die mehrere Stöcke auf den Dächern der Stadt unterhält. Ihr Honig ist auf den lokalen Bauernmärkten sehr gefragt.

Anette Müller vermarktet in Berlin den Honig von 500 städtischen Imkern („Berliner Honig"). Sie hofft darauf, dass sich ihr Honig als Gourmet-Genuss durchsetzt. In jeder Stadt hat der Honig einen anderen Duft – ganz nach den vorhandenen Blüten. „Honig wird zu einem Erzeugnis wie Wein und Käse", meint sie. „Die Leute verkosten und beurteilen ihn und legen Wert darauf, wann, wo, wie und vom wem er hergestellt wurde."

INFOS UND BEZUGSQUELLEN

Pflanzen

BÜCHER

Meyer-Rebentisch, Karen: *Das ist Urban Gardening! Die neuen Stadtgärtner und ihre kreativen Projekte*. BLV Verlag, 2013

Müller, Christa: *Urban Gardening: Über die Rückkehr der Gärten in die Stadt*. Oekom Verlag, 2011

Nomadisch Grün (Herausgeber): *Prinzessinnengärten. Anders gärtnern in der Stadt*. Dumont Buchverlag, 2012

Rasper, Martin: *Vom Gärtnern in der Stadt: Die neue Landlust zwischen Beton und Asphalt*. Oekom Verlag, 2012

Carpenter, Novella: *Meine kleine Cityfarm*. Bastei Lübbe Verlag, 2011

Fowler, Alys: *Alys Küchengarten: Aus dem Garten auf den Tisch*. Franckh Kosmos Verlag, 2011

Mitchell, Alex: *Mein Küchenbalkon*. Obst und Gemüse für City-Gärtner. Franckh Kosmos Verlag, 2012

Heistinger, Andrea/Arche Noah: *Handbuch Bio-Balkongarten: Gemüse und Kräuter auf kleiner Fläche ernten*. Eugen Ulmer Verlag, 2012

Cramer, James; Johnson, Dean: *Pflanzen am Fenster für drinnen und draußen*. Bassermann Inspiration, 2011

Mayer, Joachim: *Leckeres vom Balkon*. Gräfe und Unzer Verlag, 2010

Trail, Gayla: *Gärtnern geht überall! Obst, Gemüse und Kräuter auf kleinstem Raum*. Bassermann Inspiration, 2012

Hasselmark, Ulla: *Meine fabelhafte Sämengärtnerei. Samen gewinnen, aufbewahren, säen*. Bassermann Inspiration, 2012

Reynolds, Richard: *Guerilla Gardening: Ein botanisches Manifest*. Orange Press, 2010

Jeffery, Josie: *Mit Samenbomben die Welt verändern: Für Guerilla-Gärtner und alle, die es werden wollen*. Eugen Ulmer Verlag, 2012

Von Orlow, Melanie: *Mein Insektenhotel: Wildbienen, Hummeln & Co. im Garten*. Eugen Ulmer Verlag, 2011

Oftring, Bärbel: *Ein Garten für Tiere: Gestalten, pflanzen, pflegen*. Franckh Kosmos Verlag, 2011

Albouy, Vincent: *Nützlinge. Kleine Helfer für den Garten*. Bassermann Verlag, 2012

Kleinod, Brigitte; Strickler, Friedhelm: *Naturnahe Dachbegrünung: Kreative Ideen für Garage, Carport, Laube & Co*. Pala-Verlag, 2012

WEBSEITEN

anstiftung-ertomis.de
Die Website dieser Stiftung gibt einen guten Überblick über urbane Gärten und Projekte. Sie hilft u. a., einen Gemeinschaftsgarten in der Nähe zu finden, und bietet Praxisblätter zum Download.

stadtacker.net
Netzwerkseite für urbane Landwirtschafts- und Garten-Initiativen; mit Übersicht über Bildungsangebote und Workshops

gartenpiraten.net
Urban-Gardening-Portal für Projekte in Deutschland; mit Do-It-Yourself-Tipps

will-pflanzen.de
Vermittelt zwischen Leuten, die in der Stadt über Flächen verfügen, und Gartenlustigen, die Flächen suchen

kleingarten-bund.de
Website des Bundesverbands deutscher Gartenfreunde; sehr praxisorientiert, mit vielen guten Tipps, sowie hilfreichen Service-Adressen

Prinzessinnengarten.net
Berliner Garteninitiative mit Gartencafé; mit Veranstaltungskalender und Workshop-Angeboten

neukoelln-goes-country.blogspot.de
Berliner Blog mit Infos und Praxistipps zum Urban Gardening und Guerilla-Gärtnern

netzwerk-balkongarten.blogspot.de
Netzwerkseite „für alle GärtnerInnen ohne Garten"; mit Praxistipps und Workshop-Angeboten

Hilfreiche Gartenforen
Gut besuchte Forum-Webseiten für den Info- und Erfahrungsaustausch:
forum.planten.de
mein-schoener-garten.de/de/community
hausgarten.net/gartenforum
garten-community.de

guerrillagardening.org
Die Webseite von Richard Reynolds für die weltweiten Guerillagärtner (auf Englisch)

thepansyproject.com
Der Künstler Paul Harfleet stellt hier sein Pansy Project vor. Er hat seine Blumen überall dort gepflanzt, wo es homophobe Übergriffe gab (auf Englisch)

thepotholegardener.com
Der Fotograf Steve Wheen dokumentiert Minigärten, die von Guerilla-Gärtnern in Schlaglöcher gepflanzt werden (auf Englisch)

reset.org/act/guerilla-gardening
Viele Praxishinweise (auf Deutsch) für Guerilla-Gärtner

attensaat.de
Praxisorientierter Blog zum Guerilla-Gärtnern und Urban Gardening

dachgaertnerverband.de
Umfassende Basisinfos zur Dachbegrünung; mit Adressen von Fachbetrieben und Bezugsquellen

wildbienen.de
Ausführliche Informationen zu Wildbienen und Hummeln sowie deren Schutz im Garten

schmetterlings-garten.de
Umfangreiche Tipps zur Förderung von Schmetterlingen und Vorstellung zahlreicher Falterarten

BEZUGSQUELLEN

bingenheimersaatgut.de
Große Auswahl an Bio-Saatgut, Blumen- und Steckzwiebeln; auch Wiesenmischungen

biogartenversand.de
Große Auswahl an Bio-Saatgut, auch Pflanzkartoffeln, Steckzwiebeln und viel nützliches Zubehör

dreschflegel-shop.de
Große Auswahl an Bio-Saatgut; viele alte Sorten und Raritäten

bio-saatgut.de
Gute Auswahl, auch viele Raritäten und Wiesenblumenmischungen

rieger-hofmann.de
Vielfältige Auswahl an heimischen Wiesenblumen und Saatmischungen

hof-berggarten.de
Viele Wildblumen und -stauden, Saatmischungen und Blumenzwiebeln

aries-online.de
Fertige Samenbomben, Bio-Saatgut und praktisches Zubehör

schneckenprofi.de
Umweltschonende Pflanzenschutzmittel, Nist- und Nützlingshilfen, Saatgut und Zubehör

schwegler-natur.de
Breites Angebot an Nist- und Nützlingshilfen und Naturschutzzubehör für Haus und Garten

re-natur.de
Sedummatten und anderes für die Dachbegrünung; Teichzubehör, Naturzäune, Samenbomben („Seedballs“) und vieles mehr für den Naturgarten

wurmwelten.de
Wurmkomposter, Kompostwürmer und -zubehör

Finden

BÜCHER

Dreyer, Eva-Maria: *Essbare Wildpflanzen Europas: 1500 Arten, über 700 Fotos*. Franckh Kosmos Verlag, 2010

Kremer, Bruno, P.: *Essbare und giftige Wildpflanzen: Über 200 Kräuter, Beeren und Nüsse*. Eugen Ulmer Verlag, 2010

Mayer, Joachim; Nerger, Jutta: *Essbare Wildkräuter und Wildfrüchte: Erkennen und Sammeln*. Projekte-Verlag Cornelius, 2010

Spohn, Margot; Spohn, Roland; Aichele, Dietmar: *Was blüht denn da ? Sicher nach Farben bestimmen*. Franckh Kosmos Verlag, 2008

Caspari, Claus; Schauer, Thomas: *Der BLV Pflanzenführer für unterwegs. 1150 Blumen, Gräser, Bäume & Sträucher*. BLV Verlag, 2011

Natur kompakt: *Wildblumen: 440 Arten entdecken und bestimmen*. Dorling Kindersley Verlag, 2013

Reichholf, Josef: Stadtnatur: *Eine neue Heimat für Tiere und Pflanzen. Ein Naturführer durch die Stadt*. Oekom Verlag, 2007

Singer, Detlef: *Welcher Vogel ist das? Alle Vögel Europas – 1400 Farbfotos*. Franckh Kosmos Verlag, 2013

Hecker, Katrin; Hecker, Frank: *Kosmos Vogelführer für unterwegs*. Franckh Kosmos Verlag, 2012

Schmid, Ulrich: *Vögel im Garten*. Franckh Kosmos Verlag, 2009

Lorpin, Claude: *Nistkästen. 80 Modelle zum Selberbauen*. Bassermann Verlag, 2012

APPS

Tiere und Pflanzen Bestimmen (anymals.org)
Lars Konarek: Essbare Pflanzen/Kräuter
Wilde Beeren & Kräuter (Nature Mobile)
NABU-Vogelführer (Nature Mobile)

WEBSEITEN

bund.net
Webseite des Bundes für Umwelt und Naturschutz Deutschland (BUND); mit Serviceangeboten und Praxistipps

nabu.de
Webseite des Naturschutzbundes Deutschland (NABU); mit Serviceangeboten und Praxistipps

mundraub.org
Bundesweites Netzwerk für Selbstpflücker von Obst und anderen essbaren Pflanzen, v.a. im öffentlichen Raum. Wirbt zugleich für einen respektvollen Umgang mit der Natur und den „kulturellen und privatrechtlichen Gegebenheiten".

Wildkräuter- und Wildobst-Wanderungen und -Seminare
Ankündigungen solcher Wanderungen und Kurse finden Sie auf Webseiten der Städte (Veranstaltungskalender u. Ä.), von Naturschutz- und Urban-Gardening-Verbänden und Volkshochschulen.

floraweb.de
Wildpflanzen-Datenbank des Bundesamtes für Naturschutz

flogaus-faust.de
Umfangreiches Wildblumen-Fotoarchiv

pflanzenbestimmung.de
Web-Portal zum Thema Botanik. Mit kostenloser Online-Pflanzenbestimmung, bei der Pflanzen nach Merkmalen oder Abbildungen bestimmt werden können.

baumkunde.de
Online-Datenbank für Bäume und Sträucher

nabu.de/naturerleben/onlinevogelfuehrer
Online-Vogelführer von Naturschutzbund Deutschland (NABU) und Kosmos Verlag

Halten

BÜCHER

Baldwin, Suzie Baldwin. *Hühner halten im Garten: Der Weg zum eigenen Bio-Ei.* BLV Verlag, 2012

Peitz, Beate; Bauer, Wilhelm; Pdeitz, Leopold: *Hühner in meinem Garten: Alles über Haltung und Ställe.* Eugen Ulmer Verlag, 2012

Von Lüttwitz, Michael: *Hühner halten* (GU Tierratgeber). Gräfe und Unzer Verlag, 2012

Stern, Alice: *Geflügel. Natürlich und artgerecht halten: Hühner, Enten, Gänse, Puten.* Franckh Kosmos Verlag, 2001

Berhardt, Friedel; Kühne, Armin: *Wachteln.* Eugen Ulmer Verlag, 2011

Kohfink, Marc-Wilhelm: *Bienen halten in der Stadt.* Eugen Ulmer Verlag, 2010

Petrausch, Georg: *Imkern in der Stadt.* Franckh Kosmos Verlag, 2011

WEBSEITEN

hühnerwelt.de
Private Webseite mit umfassenden Informationen zur Hühnerhaltung

huehner-info.de
Private Webseite mit Informationen zur Hühnerhaltung und einem Forum zum Meinungs- und Erfahrungsaustausch

wachteln.net
Private Webseite mit Informationen zur Wachtelhaltung und einem Forum zum Meinungs- und Erfahrungsaustausch

deutscherimkerbund.de
Vereinigung der deutschen Imker e.V.

Netzwerkseiten für Stadt-Imker, Stadt-Gärtner und andere Bienenfans:
berlin.deutschland-summt.de
frankfurt.deutschland-summt.de
stadtimker.de (München)
2010koeniginnen.de (Ruhrgebiet)

balkonbienen.de
Private Webseite mit Infos zur Bienenhaltung in der Stadt

BEZUGSQUELLEN

omlet.de
Online-Anbieter von Hühnergehegen (Eglus) für den Stadtgarten; hat auch Bienenhäuser im Programm

eco-huehner.com
Hühnerställe aus Massivholz, inklusive kleine Balkon- und Gartenställe; weiteres Zubehör und Geflügelfutter

rakuten.de
Hühnerställe und –gehege; umfangreiches Zubehör; Hühner- und Wachtelfutter

defu-shop.de
Online-Anbieter von Bio-Hühnerfutter

holtermann-shop.de
Online-Shop für Imkereibedarf mit umfangreichem Angebot

bienen-ruck.de/imkershop
Online-Shop für Imkereibedarf mit umfangreichem Angebot

REGISTER

T

U

V

W

Z

DANKSAGUNG

Vielen Dank an Heather und Elly – ihr habt mir geholfen, dieses Projekt auf den Weg zu bringen – und an Judith und Kyle, die mit Geduld und Professionalität ein Buch daraus gemacht haben. Wie immer möchte ich Sarah für ihre wunderschönen Fotos und ihren beruhigenden Einfluss danken. Meinen Lieben zu Hause, Mum, Helen und Amy danke ich für die Hilfe mit den Kindern, ihr habt es ermöglicht, dass ich fünf Minuten schreiben konnte, ohne von einem schreienden, kleinen Kind gestört zu werden, und Donna dafür, dass ich den Überblick nicht verloren habe.

Mein besonderer Dank gilt allen *Rurbanites*, die mich zu diesem Buch inspiriert haben. Ihr habt mir Tipps gegeben, eure Zeit und Energie geopfert – die Guerilla-Gärtner, *Urban Farmer*, Hühnerhalter, Imker, Sammler, Naturkenner und Blumensammler – und mir gezeigt, welche Schätze unter dem Asphalt blühen.

Daher ein dickes Dankschön an die *Wildlife*-Queen Kate Bradbury, den Wachtel-Liebhaber Simon Suter, Dusty Gedge, den Herrn des Gründachs, Kate Howell, weil ich ihren Rasen umgraben durfte, und Sarah Hews, die mich mit der Säge an ihrem Gartenschuppen schalten und walten ließ. Vielen Dank an die Hühnerhalter Olivia Knight und Vera Lily, Camilla Goddard bei Capital Bee für ihre tollen Imker-Tipps und Paul Green von *Avant Gardening*, der mir die großen Zusammenhänge der Gemeinschaftsgärten erklärt hat, an den Balkongärtner Keith Reynolds von valiantveggie.wordpress.com und Angela Woods von der Londoner Bee Keeping Association, die mein Kapitel über die Bienen durchgesehen hat. Ein Dankeschön geht an den Vogelbeobachter David Lindo, der mir eine neue Seite der *Wormwood Scrubs* gezeigt hat, und Peter Llewellyn von der *Wildflower Society* (thewildflowersociety.com), der meine Frage zu den Wildblumen geduldig beantwortet hat. Besonders dankbar bin ich Penelope Greenhough von *Pickling Peckham* für ihre Führung durch die verborgenen Sammelstellen der Stadt, ihre Tipps und Rezepte.

Viele Gemeinschaftsgärtner haben mich inspiriert, so Naomi Schillinger (outofmyshed.co.uk), Will Sandy und Mak Gilchrist vom *Edible Bus Stop*, Nina Pope und Karen Guthrie aus den Abbey Gardens (abbeygardens.org), Marie Murray und Brian Cumming vom *Dalston Eastern Curve Garden* in Ost-London (dalstongarden.org) und den Mitarbeitern von *Vacant Lot*. Schließlich möchte ich Francine Raymond und Jo Lewis für ihre Ratschläge für die Hühnerhaltung danken und to Kate Lonergan of blackheathwindowbox.co.uk für ihre Tipps zu den Blumenkästen, dazu der Gemüsegärtnerin Caro Shrives, der Guerilla von Deptford, Helen Russell und Steve Andrews, meiner Quelle für die Wildkräuter in Manhattan.

BILDNACHWEIS

S. 11 (oben) James Leynse/Corbis, (unten) Spencer Platt/Getty Images, S. 14 Justin Sullivan/Getty Images, S. 41 Justin Sullivan/Getty Images, S. 67 Christian Barnett, S. 76 Paul Debois/ GAP Photos, S. 79 Richard Reynolds, S. 81 (rechts) Richard Reynolds, S. 94 Keith Reynolds, S. 116 Tim Graham/Getty Images, S. 121 AFP/Getty Images, S. 132 (oben) Jon Hicks/Corbis, S. 137 Mario Tama/Getty Images, S. 139 (links) Giles Breton/ Getty Images, (rechts) Dan Kitwood/Getty Images, S. 140 (oben) Mark Barton/Getty Images, (unten) Barbara Rich/ Getty Images, S. 141 Takashi Kitajima/Getty Images, S. 142-143 Chris Hondros/Getty Images, S. 144 Christian Barnett, S. 147 Christian Barnett, S. 148 (links) Christian Barnett, (rechts) Christian Barnett, S. 149 Christian Barnett, S. 155 Ash Lindsey/Getty Images, S. 156 Mikael Andersson/Getty Images, S. 157 Herbert Spichtinger/ Corbis, S. 159 Christian Barnett, S. 160 Dan Kitwood/Getty Images, S. 163 AFP/Getty Images, S. 166-167 Chris Hondros/Getty Images.

Mein besonderer Dank geht an die Bewohner des Clapton Park Estate – 'The Poppy Estate' .

1. Auflage

ISBN 978-3-572-08130-1

Das Buch ist ist erstmals 2013 unter dem Titel The Rurbanite bei Kyle Books, 67-69 Whitfield Street, London W1T 4HF, erschienen.

Umschlaggestaltung: Atelier Versen, Bad Aibling
Gestaltung: Carl Hodson
Fotos: Sarah Cuttle (außer den im Bildnachweis auf Seite 175 genannten)
Projektkoordination: Herta Winkler
Übersetzung: Dr. Wolfgang Hensel
Gesamtproducing: berliner buch.macher

Druck und Bindung: C & C Offset Printing Co. Ltd

Printed in China